Rettet die Elementarwesen

Thomas Mayer

Rettet die Elementarwesen!

Thomas Mayer
Rettet die Elementarwesen!

5. Auflage 2023

Titelseite:
Illustration: Anselm Lentz
Gestaltung: Dragon Design, GB

Satz und Gestaltung:
Dragon Design, GB
Gesetzt aus der Galliard

Gesamtherstellung: Appel & Klinger, Schneckenlohe
Printed in Germany

ISBN 978-3-89060-517-3

Neue Erde GmbH
Cecilienstr. 29 · 66111 Saarbrücken
Deutschland · Planet Erde
www.neue-erde.de

Inhalt

EINLEITUNG

Auch wenn es uns nicht bewußt ist: Wir leben alle im Reiche der Elementarwesen. Immer und überall durchdringen sie unsere Seele und schlüpfen in unser Herz. Die ganze Welt um uns herum ist von Elementarwesen durchseelt. An allem, was in der Natur geschieht, sind Elementarwesen beteiligt.

Auch unsere Innenwelt, die Welt unserer Gefühle und Gedanken, besteht aus Elementarwesen. Und wir produzieren ständig neue. In fast allen Lebenslagen haben wir es mit Elementarwesen zu tun. Die Elementarwesen sind uns näher als wir glauben!

In diesem Buch erzähle ich von allen Bereichen der Elementarwelt, die ich kenne. Das soll möglichst nachvollziehbar und authentisch sein. Dafür erscheint mir eine persönliche Schilderung am geeignetsten. Ich will kein abstraktes Buch schreiben, sondern zum Miterleben einladen.

Es gibt auch kein abstraktes oder allgemeines Erleben von Elementarwesen. Sondern es gibt immer nur konkrete Menschen, die sich mit konkreten Elementarwesen verbinden. Diese sind in ihrer jeweiligen Verfassung immer mit dabei. Deshalb nehme ich die konkreten Umstände in die Schilderung mit hinein. Und ich beschreibe möglichst ausführlich meine Wege und Methoden zum Erleben der elementarischen Freunde.

Meine Schilderungen sind natürlich sehr begrenzt. Ich kenne nur einige Elementarwesen genauer. Deshalb stelle ich in einem Kapitel Bücher über Elementarwesen vor, die aus unmittelbarer Erfahrung geschrieben sind. Den Autoren dieser Bücher verdanke ich selbst viele Anregungen, die mein eigenes Erleben beflügelten.

Ich interessiere mich seit meiner Jugend für das konkrete Erleben der geistigen Welt, habe sehr viel spirituelle Literatur studiert und bin den anthroposophischen meditativen Schulungsweg gegangen.

Aber hinsichtlich der Elementarwesen bin ich nicht wirklich weitergekommen. Erst als ich 2003 in Geomantiefortbildungen praktische Hilfestellungen bekam, konnte ich meine Fähigkeiten so weiterentwickeln, daß ich mich nun regelmäßig bewußt mit Elementarwesen verbinden kann.

Seither mache ich folgende Erfahrung: Heute ist in den Menschen ein großer ungehobener Schatz von Möglichkeiten der Elementarwesenwahrnehmung verborgen. Vor zwanzig Jahren war das so noch nicht der Fall. Unsere Wahrnehmungs- und Bewußtseinsmöglichkeiten entwickeln sich in großen Sprüngen. Ich leite pro Jahr etwa dreißig Meditationskurse mit jeweils einer kurzen Einführung in das Wahrnehmen von Elementarwesen. Jedes Mal bin ich überrascht, wie gut das nach einer entsprechenden meditativen Vorbereitung geht. Die Erlebnisse der Kursteilnehmer/innen sind ziemlich eindeutig und bestätigen sich gegenseitig. Deshalb weiß ich nicht nur: »Die Elementarwesen sind uns näher als wir glauben!«, sondern ich weiß auch: »Wir haben alle viel mehr Möglichkeiten zur Wahrnehmung von Elementarwesen als wir glauben!«

Diese Wahrnehmungsmöglichkeiten können sich aber nur entfalten, wenn sie angeregt werden und wenn es hinreichend klare und praktische Vorstellungen von den Elementarwesen und den Methoden des Elementarwesenerlebens gibt. Deshalb habe ich zu schreiben begonnen.

Dieses Plädoyer für die Rettung der Elementarwesen ist das erste Buch einer Reihe.* Es ist eine persönlich gehaltene Einführung in die Welt der Elementarwesen. Der Blickwinkel des ersten Buches ist: So tue ich es.

In dem zweiten und dritten Buch »Pioniere der Zusammenarbeit mit Elementarwesen« besuche ich über dreißig Menschen, die Elementarwesen wahrnehmen. Ich spreche mit ihnen darüber,

* Diese Bücher erscheinen voraussichtlich in den nächsten Jahren bei Neue Erde.

wie sie diese erleben, auf was sie besonders achten, wie sie sich dafür vorbereiten, wie sich diese Fähigkeit bei ihnen entwickelt hat und welche besonderen Begegnungen sie hatten. Jede und jeder hat einen individuellen Zugang. Von jeder und jedem kann man sehr viel lernen. Die zwei weiteren Bücher möchten diesen Erfahrungsschatz sichtbar und allgemein zugänglich machen. Der Blickwinkel ist: So tun es andere.

Mit dieser Buchreihe verbinde ich die Hoffnung, daß damit die Elementarwesenwahrnehmung zugänglicher gemacht und die Elementarwesenforschung vorangebracht wird. Das erscheint mir sehr dringlich. Das signalisiert auch der Titel »Rettet die Elementarwesen«.

Wieso dieser Titel?

Im Sommer 2007 fuhren wir in das Fischerdorf Valun auf der Insel Cres in den Urlaub. Ich wollte beginnen, über die Welt der Elementarwesen zu schreiben. Zu dem, was ich mir vorgenommen hatte, bin ich aber kaum gekommen. Denn die Elementarwesen von Cres mischten sich ein. Es entwickelte sich eine Eigendynamik – und so kam es zum Inhalt und zum Titel dieses Buches.

Thomas Mayer, August 2007

Die Bitte

Ein Morgen im Herbst 2004 ist mir unvergeßlich. Ich bin im Hamburger Schanzenviertel bei Agnes, meiner geliebten Partnerin. Wir sind in ihrer Dachwohnung bei der morgendlichen Meditation.

Hinter mir liegen zwei Ereignisse, die ich kurz erwähne, damit das Folgende verständlich wird. Agnes und ich hatten vor einigen Monaten auf der Hibernia-Sommertagung zum ersten Mal einen Kurs in Meditation auf anthroposophischer Basis angeboten. Es zeigte sich viel Interesse, war sehr aufbauend, und wir überlegen nun, ob wir in Zukunft häufiger Kurse anbieten. Zweitens habe ich vor einem Jahr die Geomanten Wolfgang Schneider und Fritz Bachmann kennengelernt. Das waren folgenreiche Begegnungen. Da ich miterleben konnte, wie sie es machen, habe ich endlich Seelenwege zum Erleben von Elementarwesen gefunden, die ich selber gehen kann. Ich habe einige entscheidende Schlüssel erhalten, die mir bislang fehlten. Nun kann ich manchmal die Türen etwas öffnen und mit meinem Bewußtsein in die Elementarwelt hineinschlüpfen.

Nach einer Satz-Meditation bemühe ich mich in der reinen Aufmerksamkeit zu bleiben. Das ist die Bewußtseinsverfassung vor dem Entstehen von Gedanken, Gefühlen und Wahrnehmungen, die Ebene der geistigen Welt.

Ich merke auf. Etwas weht mich an, etwas kommt heran. Vor meinem inneren Blick bilden sich Gestalten, vier schemenhafte Gestalten. Mehr Gedanke als Bild. Gleichzeitig empfinde ich mich über die ganze Welt ausgebreitet, liebevoll und verantwortlich mit ihr verbunden. Ich bin mit meinem Empfinden nicht mehr in Hamburg, sondern die Erde umfangend. Es geht aber nicht um die physische Erde. Es geht um eine Ebene, die dieser zugrundeliegt, um die Welt der Elementarwesen. Ich fühle mich für die Elementarwesen unseres Kosmos liebevoll verantwortlich. Diese Gefühle kommen nicht von mir, sondern sie strahlen von diesen vier Gestalten aus und erfüllen mich von innen. In der bildlichen Imagination wirken sie ganz klein und unscheinbar. Im Erleben sind sie sehr groß, erhaben groß.

Die vier Gestalten gliedern sich etwas auseinander. Und es wird klar. Eine Gestalt fühlt sich für die Erdwesen unseres Kosmos zuständig; die andere Gestalt für die Wasserwesen; die dritte für die Feuerwesen und die vierte für die Luft- und Lichtwesen. Dann gehen die Gestalten wieder ineinander über.

Ich frage, wer seid denn ihr? Die Antwort ist sofort da, wie ein Blitz. Nicht als Wort, sondern als wortloser Gedanke. So kenne ich das bei Gesprächen mit geistigen Wesen. Ich versuche, diesen wortlosen Gedankenimpuls in Worte zu fassen: Wir sind das Wesen der Naturelementarwesen. Wir umfassen und repräsentieren diese. Wir kommen zu dir mit einer Bitte. Die Menschheit hat die Elementarwesen vergessen. Wir erfüllen zwar euer Unbewußtes, und wir sind ein Großteil eures Lebens, doch davon wißt ihr nichts. Das war notwendig. Doch jetzt ist die Zeit gekommen, da wir Elementarwesen mit euch Menschen wieder ein gemeinsames bewußtes Leben führen. Wir bitten dich, nutze deine Kräfte und Fähigkeiten, um Wege zum Erleben der Elementarwesen zu öffnen. Daran arbeiten viele andere Menschen auch. Jede und jeder an seiner Stelle. Wenn du diese Aufgabe ergreifst, dann hast du unsere Stärkung und Begleitung.

Die Gestalten entschwinden wieder. Sie erstaunen mich. Bei allen Elementarwesen, die ich bisher erlebt habe, war die Gestalt passend zur Aufgabenverantwortung. Das Wasserwesen eines Blattes ist ganz klein, der Faun des Baumes ist viel größer. Hier ist das anders. Die Elementarwesenkönige – diese Bezeichnung erscheint mir passend – erscheinen in der Imagination klein und kommen gar nicht wie Könige daher. Dies ergibt sich erst im inneren inspirativen Gespräch. Ihre bildliche Gestalt scheint nicht wichtig. Offensichtlich wehen die

Elementarwesenkönige gestaltlos durch die Elementarwelt und geben sich nur wenn nötig, z. B. um leichter erlebt zu werden, eine Gestalt.

Ich habe mir angewöhnt, bei einer größeren neuen Unternehmung in der Vorbereitungszeit darauf zu achten, ob diese von der geistigen Welt getragen wird. Im Rückblick betrachtet, waren die Unternehmen mit deutlicher geistiger Unterstützung effektiv und wirkungsvoll. Wobei der Erfolg nicht immer der war, den ich zu Anfang erwartet hatte. Wenn es keine deutliche Unterstützung gab, dann verlief es oftmals schleppend.

Ich besinne mich immer wieder auf die Stimmung: Meine Firma ist die geistige Welt, bei dieser bin ich angestellt, von dieser bekomme ich die Aufträge, und sie entsendet mich wie einen Zeitarbeiter in irdische Arbeitszusammenhänge und Unternehmungen.

Dabei habe ich gelernt, daß sehr hohe Wesen gerne mit einem in Kontakt treten. In der geistigen Welt ist es anders wie auf Erden. Der Chef eines großen Unternehmens kann nicht mit jedem Mitarbeiter einzeln sprechen, so viel Zeit hat er nicht. Dagegen können hohe Engelwesen, hochentwickelte Verstorbene oder die Christuswesenheit gleichzeitig Kontakt zu vielen einzelnen Menschen aufnehmen. Deren Aufmerksamkeit verteilt sich anscheinend wie ein Springbrunnen nach allen Seiten. Es gibt keine Kapazitätsgrenzen. Deshalb kann man sich ohne schlechtes Gewissen immer an die höchste Ebene und an die höchsten Wesen wenden oder mit diesen rechnen.

So wundere ich mich jetzt nicht, daß sich diese Könige der Naturelementarwesen bei mir melden. Aber ich bin sehr bewegt und erregt. Die Zeit ist reif geworden. In diesem Moment entschließe ich mich. Sofort ist alles klar. Ich werde der Bitte folgen. Als erstes werde ich mich auf die Meditationskurse konzentrieren. Das ist der nächste Schritt. Weitere Schritte werden sich in der Folge ergeben. Meditieren ist die Grundlage der Elementarwesenwahrnehmung, überhaupt jeder geistigen Wahrnehmung. Nur wenn Meditieren in unserer Gesellschaft alltäglich wird wie Essen und Trinken, dann kann auch das bewußte Leben mit Elementarwesen alltäglich werden. In den Kursen kann ich die Elementarwesen thematisieren, mit den Teilnehmer/innen Wahrnehmungsübungen machen und selbst viele Erfahrungen sammeln.

Agnes ist dabei. Meditieren ist genau ihre Sache. Schon seit ihrer Jugend strebt sie dahin. Unsere verschiedenen Fähigkeiten und Motivationsquellen ergänzen sich gut. Und so beginnen wir mit der Organisation der Kurse.

Urlaub in Valun

Fast drei Jahre später:

Die Meditationskurse liefen überraschend gut. Fast jedes Wochenende waren Agnes und ich in Deutschland oder der Schweiz unterwegs. Viele Teilnehmerinnen und Teilnehmer fanden einen Zugang in ihre eigene Meditationsart und -praxis. In den letzten Jahren bin ich auch vielen weiteren Elementarwesen begegnet. Ich habe viel über sie und ihre Welt gelernt. Und ich habe auch einige Menschen getroffen, die einen bewußten Zugang zu Elementarwesen haben. Und so konnte ich meine Wahrnehmungswege weiter ausbauen und verfeinern. Zu den Elementarwesenkönigen hatte ich seither keinen deutlichen Kontakt. Ich habe hin und wieder kurz an sie gedacht, den Kontakt aber nicht wirklich gesucht. Ich hatte auch gar kein Anliegen an sie. Ich arbeitete an der Erfüllung meines Versprechens, machte eine Entdeckung nach der anderen, und die Zeit war damit erfüllt.

Im Herbst 2006 hielt ich im Stuttgarter Kulturzentrum »Forum 3« einen Vortrag über Elementarwesen. Darüber kam ich mit Anna Kleihues in Kontakt, die Autoren gegenüber Verlagen vertritt. Sie regte an, ob ich nicht ein Buch über dieses Thema schreiben wolle. Da diese Idee schon in meinem Umkreis schwebte, waren wir uns schnell einig. Nur kam ich nicht zum Schreiben. Ständig unterwegs, ein Buchprojekt zur Erdwandlung, Umzug, Kinder, Volksbegehren in Hamburg, Datenbank programmieren. Ich fand bislang keine Ruhe für das Elementarwesenbuch.

Jetzt packen wir das Auto. Taschen, Zelte, Luftmatratzen, Bücher, Gaskocher. Die Sommerferien haben begonnen. Meine Söhne, Lukas, in einer Woche 14, Konrad, gerade 13 Jahre alt, und ich fahren nach Valun auf die kroatische Insel Cres im Mittelmeer. Wir waren dort schon zwei Mal. Valun ist ein kleines Fischerdorf. Der

Zeltplatz ist frei von Autos und direkt am Meer. Eine überschaubare Welt, in der vieles möglich ist. Für Kinder ist es ein Traum, für Erwachsene auch. Kräftige Natur, wenig Tourismus. Urlaubsfreunde aus den letzten Jahren werden sicher auch da sein. Ich möchte in diesem Urlaub neben allem anderen, was man am Meer so macht, jeden Tag schreiben. Ich möchte endlich das Elementarwesenbuch angehen. Darauf freue ich mich. Das Buch hat den Arbeitstitel »So können Sie Elementarwesen wahrnehmen!«.

Die Fahrt geht vom Allgäu über den Fernpaß nach Innsbruck, den Brenner hinauf und dann links auf Landstraßen und Pässen durch die Dolomiten. Mitten in sich schlängelnden Serpentinen wandern meine Gedanken zur Lage der Elementarwesen. Und ich merke, sie ist nicht gut. Gefühle der Besorgnis erfüllen mein Herz. Was soll das? Ich schaue nach innen und bemerke: Die Elementarwesenkönige kommen heran, sind noch etwas entfernt, aber schon deutlich erlebbar. Von diesen strömen diese Gefühle aus.

Ich muß bremsen, runter auf 40 km/h, eine enge 180-Grad-Kurve.

Nein, jetzt geht es wirklich nicht. Ich kann mich überhaupt nicht konzentrieren. Ich bin gerade beim Autofahren. Wir müssen das verschieben auf einen besseren Moment!

Es klingt noch etwas anderes in meiner Seele. Dieser Kontakt fühlt sich nach Problem, Krise, Rettung aus der Not, voller Einsatz usw. an. Lauter Dinge, für die ich jetzt gar keine Nerven habe. Ich bin auf dem Weg in den Urlaub. Endlich drei Wochen ohne äußere Verpflichtung und Termine! Ich will meine Seele lockern und nicht beschweren. Doch das denke ich nicht so laut, so als ob ich es gegenüber den Elementarwesenkönigen verstecken könnte. Diese sind schon wieder verschwunden. Es war ein sehr kurzer Eindruck. Er wird von anderen Erlebnissen übertönt, und ich vergesse es bald.

Die Fahrt geht weiter. Autobahn hinab bis zum Mittelmeer, Triest, Slowenien, kroatische Grenze, Geldwechseln, Rijka, Tanken, Eis, endlich Brestova, die Fährstation. Vor uns über dem Meer liegen in der Abenddämmerung die kargen Berge von Cres. Und da hinten, wo man nichts mehr sieht, da müßte Valun liegen.

Die Licht-Fee

Der erste Tag in Valun. Die Zelte sind aufgebaut. Ich habe einen schönen Platz auf einer Terrasse im Wald gefunden mit viel Schatten. Außerdem kann ich eine Plane als Regen- und Sonnenschutz spannen. Das ist sehr wichtig. Die Kinder haben ihr Zelt etwas unterhalb aufgebaut. Die Sommersonne scheint. Das Meer ist warm. Jetzt erst einmal schwimmen!

Vom Strand sieht man links den Hafen und die wenigen Häuser des Dorfes. Auf der anderen Seite des Strandes beginnen die Felsen. Ich kenne sie gut. Wie oft habe ich diese Felsen betrachtet. Als wir letztes Jahr wegfuhren, wurden mir beim Abschied, als ich in diese Richtung blickte, die Augen etwas feucht. Ich dachte, wegen ganz Valun, den Erlebnissen und dem Ende des Urlaubs. Jetzt glaube ich aber, es war wegen dieser Felsen. Natürlich nicht wegen der Felsen, sondern wegen des Gefühls zu ihnen. Emotionale Verbindung zu Steinen, zu Pflanzen, zum Wasser ist aber immer Verbindung zu den jeweiligen Elementarwesen. Was ist an diesen Felsen elementarisch los?

Ich schwimme näher an sie heran. Wie zu erwarten, erlebe ich viele Erdwesen, kleine und größere Gnome. Vor einer Felsenspitze ist eine sehr warme, anziehende, heimatliche Stimmung. Es handelt sich um einen Raum von etwa vier Meter Durchmesser. Je mehr ich mich darauf konzentriere, um so stärker wird die Stimmung.

Was ist das? Vermutlich ein Elementarwesen. Um es besser greifen zu können, gehe ich verschiedene Erfahrungsmuster durch, die ich kenne. Aufgrund der Chakra-Resonanz im Herzumraum und der besonderen Gefühlsnuance müßte es ein Luftwesen sein. Aber kein normales Luftwesen, nein, es ist eher ein Lichtwesen. Luft- und Lichtwesen haben einen engen Zusammenhang und sie werden traditionell in dieselbe Naturelementarwesen-Kategorie eingeordnet.

Lichtwesen heißt, daß es im Lichte lebt und sich um das Licht in der Landschaft kümmert. In den Märchen werden Lichtwesen Feen genannt. Also bezeichne ich dieses schöne Wesen als Licht-Fee. Sie fühlt sich lieblich, reizend, umflutend, strahlend an. Das ist die Gefühlsebene. Welche Form kann ich erleben? Es ist keine feste Form, sondern es ist wie eine nach allen Seiten strahlende Wolke. Das Strahlen ist das Wesentliche.

Durch dieses langsame, immer genauere Betrachten und Beschreiben wird mein Erleben klarer und differenzierter. Wenn ich nicht so schrittweise vorginge, dann würde ich nur erleben, hier ist etwas. Ich würde ganz im Verschwommenen bleiben. Die Begriffe sind wie Taschenlampen. Durch sie kann ich besser und differenzierter sehen und erleben. Jedoch liegt hier auch eine Fehlerquelle. Die Begriffe müssen von den Wahrnehmungen gedeckt werden. Wenn man zu spekulieren beginnt und vom Wahrnehmen abhebt, dann kann man in die Irre geraten. Das *Wahr*nehmen selbst ist immer wahr. Erst das Begreifen der Wahrnehmung kann falsch sein, wenn man falsche Begriffe nimmt.

Ich verabschiede mich von der Licht-Fee und schwimme weiter.

Am nächsten Tag schaue ich wieder bei ihr vorbei. Ich komme schnell in das vertraute Empfinden hinein. Sie leuchtet mir stark ins Herz. Fast zu stark. Es ist wie ein Druck. Was ist hier los? Im Halten dieser Frage erlebe ich: Die Fee möchte in meine Aura. Sie drängt an die linke Seite. Sie möchte sich dort beheimaten. Das hat sich schon letztes Jahr angebahnt. Dort wurden Fäden gesponnen. Deshalb diese Rührseligkeit in meiner Empfindung beim Abschied vor einem Jahr.

Ich habe schon öfters erlebt, daß Elementarwesen in die Aura aufspringen und mitkommen. Meistens ist es nur für einige Tage – und dann trennen sich die Wege wieder. In einigen Fällen haben Elementarwesen ihren ständigen Wohnsitz in meiner Aura eingerichtet und wurden damit zu einem festen Bestandteil meiner

Persönlichkeit. Wenn ich es richtig verstanden habe, strebt die Fee einen festen Wohnsitz an.

Ich frage mich, ob ich diesem Anliegen stattgeben will? Die Licht-Fee macht einen guten Eindruck. Ich habe noch keine Licht-Fee in meiner Aura, bzw. ich weiß von keiner. Sicher wirken viele kleinere Lichtwesen in meiner Aura, doch das ist mir nicht klar. Ich bekomme ja nur einen Bruchteil der tatsächlichen Elementarwelt ins bewußte Erleben und übersehe das allermeiste. Durch die bewußte Verbindung mit der Licht-Fee könnte ich mit der Zeit viel von ihr lernen. Mir sind bislang die Licht- und Luftwesen der Natur fremd geblieben. Ich erlebe immer nur, hier ist eines, aber dann stockt die Kommunikation, und ich komme nicht in ein innerliches Erleben und Gespräch hinein. Mit Hilfe der Licht-Fee könnte ich vielleicht einen besseren Zugang finden und die Luft- und Lichtwesen besser verstehen. Sie wäre also eine gute Ergänzung zu den anderen Mitgliedern meines persönlichen Elementarwesenteams. Diese Wesen, die immer um mich herum sind, haben jeweils besondere Eigenschaften und Fähigkeiten. Ich möchte aber von mir aus keinerlei Zwang ausüben. Die Licht-Fee kann es ausprobieren und jederzeit auch wieder gehen. Und so gebe ich ihrem Anliegen statt. Ich bemerke, wie ich nun über meiner linken Schulter dasselbe Empfinden habe wie bei der Felsenspitze. Die Licht-Fee wirkt gleichzeitig an beiden Orten.

Da sie anscheinend wirklich dauerhaft bleiben will, suche ich nach einem passenden Namen, damit ich sie ansprechen kann. Ich frage: »Wie heißt du?« Etwas bildet sich, ich kann es aber nicht richtig greifen. Auf eine Wiederholung der Frage gibt es keine Reaktion. Ich entschließe mich, sie »Lara« zu nennen. In diese Richtung ging das, was ich nicht greifen konnte.

Ich kann sie in den kommenden Wochen immer wieder erleben. Sie ist da. Ich komme aber nur selten in ein weiteres Gespräch mit ihr. Es ist wie ein stummes sich aneinander Gewöhnen. Ich muß erst noch besser verstehen, wie sie empfindet, und umgekehrt sie auch, wie ich empfinde, damit wir in einen weiteren Austausch kommen können.

Das Erleben von Elementarwesen

Wie geht das Erleben von Elementarwesen? Kann man das bewußt herbeiführen? Und wie kann man zwischen Wahrheit und Phantasie unterscheiden? Das sind Fragen, die mich seit Jahrzehnten beschäftigen. Diese Beschäftigung ist der Hintergrund von allem, was ich in diesem Buch schreibe. Deshalb möchte ich etwas von diesen methodischen Fragen berichten.

Nach meiner Erfahrung wird das Erleben von Elementarwesen meistens durch mentale Blockaden verhindert. Diese Blockaden melden sich spätestens, wenn man mit praktischen Übungen beginnt. Man hält seine eigenen Wahrnehmungen für Einbildung oder Phantasie und ist so sehr voll Mißtrauen, daß von ihnen nichts mehr übrigbleibt. So schüttet man schon zu Beginn das Kind mit dem Bade aus. Genau das habe ich über viele Jahre gemacht. Doch eigentlich hätte ich das Kind waschen sollen, so daß es rein und duftend aus dem Bade steigt. Hier half mir, die methodischen Fragen genauer zu durchdenken und die Gedankenhintergründe und Glaubenssätze, die zu dem Mißtrauen führten, langsam umzubauen.

Dieses Mißtrauen lebt in der Luft unserer westlichen naturwissenschaftlichen Kultur und wird so von jedem eingeatmet. Es hat letztlich sein Gutes. Der Durchgang durch das Mißtrauen kann zu einer Veredelung und Läuterung der geistigen Wahrnehmungen führen. Ohne Mißtrauen würden wir jede innere Wahrnehmung für bare Münze nehmen, auch dann, wenn eigene Wünsche, Ideen und Befindlichkeiten sie überdecken oder verzerren.

Für mich ist inzwischen das geistige Erleben eine nüchterne und alltägliche Angelegenheit. Es gibt eine Methodik für die Objektivität der Ergebnisse, so daß man wirklich von Geistesforschung sprechen kann. Dies gilt für die Wahrnehmung aller geistigen

Phänomene und Wesen, für Ätherkräfte, Engel, Verstorbene, Christus wie auch für die Elementarwesen.

Elementarwesen, die Gefühlsebene der Welt

Worauf muß ich mich konzentrieren, wenn ich Elementarwesen wahrnehmen will? Ich will dies zunächst grundsätzlich beschreiben.

Wenn wir etwas in der Welt erleben, dann haben wir immer vielfältige Eindrücke. Wir können etwas sehen, riechen, schmecken, hören, tasten. Wir erleben aber auch immer Kräfte, Gefühle, Vorstellungen und Gedanken. Wenn ich einen Stein betrachte, dann erlebe ich zum Beispiel ein Gehaltensein; ein Granit erzeugt in mir andere Gefühle als ein Sandstein; mit einem Stein in der Wahrnehmung habe ich andere Gedanken als mit dem Blick auf das Meer usw. Es gibt nun einen zentralen Glaubenssatz, den wir sofort und völlig unhinterfragt anwenden: Wir trennen diese Wahrnehmungen in Außen- und Innenwelt. Die Seh-, Tast-, Geruchs-, Geschmacks- und Hörwahrnehmungen verbinden wir mit dem Gedanken, daß dies die von uns unabhängige Außenwelt sei. Alle anderen Wahrnehmungen wie Gefühle, Vorstellungen und Gedanken verbinden wir mit dem Gedanken, daß dies die Reaktion unserer seelischen Innenwelt auf die Außenwelt sei. So teilen wir das Feld der Wahrnehmungen in zwei Bereiche. Dies geschieht durch einen tiefsitzenden und normalerweise völlig verborgenen Glaubenssatz, so daß wir diese Teilung nicht bemerken und es sogar richtig schwierig ist, diese Teilung klar zu denken. An diesem Widerstand kann man die große Kraft dieses Glaubenssatzes erleben.

Durch diese Teilung sagen wir: Das Gefühl, das der Stein erzeugt, gehört mir und nicht dem Stein. Bei der Farbe des Steines ist das anders, hier sagen wir: Die Farbe gehört dem Stein.

Die Trennung zwischen Innen- und Außenwelt macht aber gar keinen Sinn. Denn es gibt keine Farbe, es sei denn, ich erlebe diese. Wenn ich nicht wahrnehme, dann gibt es keine Wahrnehmung. Insoweit ist die Farbwahrnehmung niemals etwas von mir oder von meinem Bewußtsein Getrenntes. Außen und Innen treten in der Wahrnehmung gar nicht auf. Beim Seh-Wahrnehmen gibt es das Erleben von Farben und Formen, aber kein Innen und Außen. Beim Fühl-Wahrnehmen gibt es das Erleben von Gefühlen, aber kein Innen und Außen, beim Denk-Wahrnehmen gibt es das Erleben von Gedanken, aber auch kein Innen und Außen. Die besonnene Selbstbeobachtung zeigt, daß alle Wahrnehmungen immer ein einheitlicher Vorgang sind. Die Begriffe Innen und Außen sind hier völlig untauglich. Sie ergeben sich nicht von selbst aus dem Wahrnehmungsvorgang, sondern werden diesem im Nachhinein aufgesetzt. Mit diesen Begriffen kommt man nicht weiter. Sich von ihnen zu verabschieden, ist aber auch nicht einfach, da wir uns alle sehr an sie gewöhnt haben. Sie geben unserer Seele Sicherheit.

Wenn wir diese Trennung nicht vollziehen, dann stehen die Farb- und Gefühlseindrücke des Steines gleichberechtigt nebeneinander. Und so stellen wir fest: Die ganze Welt ist von einer Gefühlsebene durchzogen. Immer wenn ich wahrnehme, entstehen auch Gefühle. Wenn wir diese Trennung in Innen und Außen nicht vollziehen, dann können wir sagen: Das Gefühl gehört zum Stein, genauso wie die Farbe, die Form und die Festigkeit zum Stein gehört. Es gibt eine Gefühlsebene der Welt. Die Gefühle gehören zu den Dingen der Welt. Mit diesem Gedanken sind wir nun den Elementarwesen schon ganz nahe. Denn das Gefühl, das zum Beispiel zu einem Stein gehört, existiert ja nicht im leeren Raum. Es hat einen Träger. Das zeigt sich, wenn man das Gefühl meditativ in der Aufmerksamkeit hält und sich so in das Gefühl intensiver hineinlebt. Es wird nämlich vom Elementarwesen des Steines getragen. Die Elementarwesen sind die Träger der Gefühlsebene der Welt. Eine treffendere Charakterisierung der Elementarwesen fällt mir nicht ein. Sie tragen die Gefühle der Welt.

Ohne den Gedanken, daß die Gefühle zur Welt gehören, hat der Begriff »Elementarwesen« keinen Sinn. Denn wenn man davon ausgeht, daß die Gefühle nur interne Vorgänge und Reaktionen meiner Seele sind, dann erscheint es verrückt, wenn jemand von Gnomen und Feen spricht, die er in der Natur erlebt. Dann liegt die Ansicht nahe: »Dieser arme Mensch hat einen psychischen Defekt und kann nicht mehr zwischen Innen- und Außenwelt unterscheiden und projiziert seine Gefühle in der Form von Elementarwesen in die Natur.« Dieser Ansicht begegnet man heutzutage ja auch immer wieder. Mit einer solchen Ansicht verschließt man die elementarischen Augen. Damit kann man niemals Elementarwesen erleben. Um einen Zugang zur Elementarwelt zu finden, erscheint es mir notwendig, sich mit dem Gedanken zu befassen, daß die Gefühle zur Welt gehören. Dadurch öffnet man sich für die Wahrnehmung der Elementarwesen.

Durch die Trennung der Wahrnehmungen in Innen und Außen haben wir in der modernen westlichen Zivilisation die Gefühlsebene der Welt privatisiert. Wir fassen die Gefühle nur noch psychologisch auf, nur als Ausdruck unserer Persönlichkeit. Wir haben damit die Elementarwesen »abgeschafft« und aus unserem Bewußtsein und unserer Kultur verdrängt. In früheren Jahrhunderten war das nicht der Fall. Die Märchen und Mythen und viele aus der Tradition kommenden Handlungsweisen zeugen davon, daß die Elementarwesen früher für die Menschen eine Realität waren. Auch in anderen Kulturkreisen ist das noch so. In Südamerika, Afrika und Asien spielen die Elementarwesen und weitere Geistwesen im Leben der Menschen eine große und alltägliche Rolle. Das Verschwinden der Elementarwesen ist also ein zeitlich und geographisch begrenztes Phänomen der Kulturgeschichte der Menschheit. Es ist eine kurzsichtige Überheblichkeit, wenn in unserer westlichen Zivilisation Menschen verlacht werden, die an Elementarwesen glauben.

Welchen Sinn hat die »Abschaffung« der Elementarwesen? Was wird dadurch gewonnen? Das ist eine wichtige Frage. Und auch folgende Frage stellt sich: Es müßte doch auch berechtigte Gründe geben, die zu dieser Trennung von Innen und Außen führten. Welche Gründe sind dies? Es kann ja nicht nur ein Irrtum sein. Was ist der Unterschied zwischen einem Seh- und einem Gefühlseindruck? Das Erlebnis der Farbe des Steines erscheint von mir unabhängiger als der Gefühlseindruck des Steines. Dies lehrt uns die einfache Beobachtung, daß je nach Tagesstimmung sich der Gefühlseindruck verändert, die Farbe aber gleich bleibt. Warum ist das so? Hier helfen in meinen Augen die Begriffe »leibgestützt« und »leibfrei« weiter. Das Sehen wird vom Auge als Organ des physischen Leibes gestützt. Für das Fühlen gibt es im physischen Leib kein entsprechendes Organ, auch wenn es sich natürlich vielfältig im physischen Leib auswirkt (z. B. erröten, weinen). Das Organ des Fühlens befindet sich in unseren unsichtbaren Leibern, dem Äther- und Astralleib. Es gibt zwischen dem physischen Leib und dem Äther- und dem Astralleib einen großen Unterschied. Der physische Leib ist unabhängiger von uns gebildet. Er ist ein Geschenk Gottes, ein Geschenk der geistigen Welt. Wir sind an der Bildung des physischen Leibes kaum beteiligt. Alle Organe wachsen und funktionieren von selbst. Dagegen wirken wir an der Bildung des Äther- und Astralleibes in starkem Maße mit. Auf unsere Gefühle, Gewohnheiten und Gedanken haben wir einen viel größeren Einfluß als auf die Funktion der Lunge oder des Herzens. Die Aufgabe, die die geistige Welt bei unserem physischen Leib erfüllt, diese Aufgabe müssen wir Menschen im Äther- und Astralleib in viel größerem Maße selbst erfüllen. Doch das können wir nicht so gut, wie es die geistige Welt in unserem physischen Leib kann. Deshalb erleben wir in den leibgestützten Wahrnehmungen die selbstlose Reinheit der göttlich-geistigen Welt, während sich in den leibfreien Wahrnehmungen unsere eigenen Schwächen, Defizite, Anhaftungen und Ängste viel stärker auswirken. Die leibgestützten Wahrnehmungen vermitteln uns das mütterliche Gefühl, gehalten und geborgen zu sein, die leibfreien Wahrnehmungen fordern uns auf, uns selbst zu stützen.

Daraus wird verständlich, daß alle leibfreien Wahrnehmungen viel mehr Eigenaktivität und Pflege der Wahrnehmungsorgane verlangen, als dies bei den leibgestützten physischen Wahrnehmungen der Fall ist. Die Pflege besteht im wesentlichen darin, die Seele selbstlos und rein zu halten, im Gesamten und vor allem im Moment der Wahrnehmung. Denn es gibt ja tatsächlich viele selbstbezogene Gefühle, die uns aus dem Hintergrund unserer Persönlichkeit zufließen. Hier ist begrifflich die Unterscheidung in weltbezogene und selbstbezogene Gefühle hilfreich. Immer wenn es nur um Sympathie oder Antipathie (das gefällt mir oder das gefällt mir nicht) geht, dann hat man es mit selbstbezogenen Gefühlen zu tun. Darin zeigen sich die Bedürfnisse und Hintergründe der Persönlichkeit. Man erfährt dann über diese etwas und kaum etwas über den Stein oder das jeweilige andere Wahrnehmungsobjekt. Beide Gefühlsarten haben ihre Berechtigung. Wichtig ist nur, sie zu unterscheiden, denn sonst mischt sich alles verwirrend ineinander, und man verwechselt die Gefühlswahrnehmung des Steines mit der Gefühlswahrnehmung der Persönlichkeit. In der Praxis ist das Unterscheiden natürlich nicht immer einfach. Jedem Menschen stehen beide Gefühlsarten zur Verfügung.

Weltbezogene und selbstbezogene Gefühle werden jeweils von Elementarwesen getragen: Weltbezogene Gefühle von Elementarwesen, die die Dinge der Welt beseelen, selbstbezogene Gefühle von Elementarwesen, die zum astralen Reich meiner Persönlichkeit gehören.

Gewöhnungsbedürftig ist natürlich der Übergang vom Gefühl bis zum Erleben eines Elementarwesens. Denn in unserer Kultur sucht man immer Materie oder Ideen. Der Gedanke, daß letztlich die ganze geistige Welt aus individuellen Geistwesen besteht, wird noch sehr gescheut. Aber es ist halt so, und je mehr man sich daran gewöhnt, um so selbstverständlicher kann man damit leben.

Instrumente der Geistesforschung

Das bewußte übersinnliche Wahrnehmen erfolgt konkret in vier Stufen.

1. Vorbereitung:

In der normalen Bewußtseinsverfassung haben wir keine bewußten übersinnlichen Wahrnehmungen, sondern nur unbewußte. Deshalb ist es für bewußte übersinnliche Wahrnehmungen immer nötig, die Bewußtseinsverfassung zu verbessern und die Konzentration und Aufmerksamkeit zu erhöhen. Dazu erscheint mir eine regelmäßige meditative Praxis erforderlich. Mit der erhöhten Aufmerksamkeit bindet man sich höher an und aktiviert Kräfte des höheren Selbst.

In der Vorbereitung geht es darum, das Seelenschiff für die Reise in die elementarische und geistige Welt auszubilden. Dazu gehören zum Beispiel Eigenschaften und Lebensgesinnungen wie geordnetes Gedankenleben, Willensinitiative, Ausgeglichenheit der Gefühle, Positivität und Offenheit.

Um unterscheiden zu können, ob eine übersinnliche Wahrnehmung von meiner Persönlichkeit oder vom Geistwesen zufließt, ist es notwendig, sich selbst wie von außen sehen zu lernen. In dieser Selbsterkenntnis begegnet man schrittweise den eigenen ungeläuterten, erdverhafteten Seelenanteilen. Je mehr man diese sehen und liebevoll annehmen kann, um so freier wird man von diesen. Und es zeigt sich, daß diese erdverhafteten Seelenanteile den Blick in die geistige Welt verstellen, denn sie binden das Bewußtsein. Erst durch das Annehmen und Verwandeln dieser Seelenanteile kommt man mit dem Bewußtsein in die geistige Welt. In der Anthroposophie werden diese ungeläuterten Seelenanteile deshalb auch »Hüter der Schwelle« genannt. Diese Begegnung mit dem Hüter der Schwelle ist ein fortwährender Prozeß, der sich schrittweise vollzieht. Nach meiner Erfahrung ist man nie damit fertig, sondern es tauchen immer neue Schichten und Themen auf.

2. Imaginative Erkenntnis:
Die erste und für die meisten Menschen einfachste übersinnliche Erkenntnisart ist die Imagination. Um in der Imagination das Unsichtbare sichtbar zu machen, muß ich immer zuerst einen Indikator hervorbringen. Hier ist sehr vieles möglich: Formen, Bilder, Vorstellungen, Gedanken, Gesten, Worte, Aufmerksamkeit in ein Chakra, Aufmerksamkeit an einen aurischen Ort usw. Die imaginative Erkenntnis beginnt immer mit einer Bewußtseinsaktivität, ich »bilde mir etwas ein«. Deshalb ist die skeptische Frage, ob eine imaginative Wahrnehmung Einbildung sei oder nicht, nicht weiterführend. Denn ohne Einbildung gibt es gar keine imaginative Erkenntnis. Zur Erkenntnis wird sie aber erst dann, wenn sich durch die Einbildung etwas zeigt, wenn die geistige Welt darauf reagiert, wenn etwas geschieht, das ich nicht selbst herbeigeführt habe, wenn eine Art Eigenleben beginnt.

Der Einsatz von Indikatoren ist zum Beispiel in der Chemie üblich. Der Chemiker hat auch oft das Problem, daß bestimmte Stoffe unsichtbar sind. Um sie sichtbar zu machen, schüttet er einen Indikator in das Reagenzglas, und je nach Reaktion weiß er, welcher Stoff im Reagenzglas ist.

Genauso mache ich es in der imaginativen Erkenntnis. Ich streue z. B. die Vorstellung eines Quadrates aus und bemerke, daß dieses an der Felswand ruhig und fest stehenblcibt und erlebe das Quadrat wie mit vielen Augen erfüllt, die mich wach anblicken. Auf der Wiese verhält sich das Quadrat ganz anders. Es wird beweglich, die Ecken verfließen, und ich komme in eine träumende Stimmung. Um das Quadrat auf der Wiese in seiner Form zu halten, muß ich meinen Willen anstrengen. Bei der Felswand behält das Quadrat die Form, auch wenn ich meinen Willen ganz aus der Vorstellung zurückziehe. Das ist die konkrete Beschreibung einer einfachen imaginativen Erkenntnis von Erd-Gnomen, die in der Felswand überwiegen, und Wasser-Nixen, die in der Wiese überwiegen.

Genauso, wie der Chemiker durch den Vorgang im Reagenzglas selbst nicht weiß, was er bedeutet, so versteht man auch die imaginative Reaktion nicht aus sich selbst. Um eine Imagination zu entschlüsseln, brauche ich entweder Erfahrungswissen, oder die Inspiration muß hinzukommen.

Imagination ist eine ganz nüchterne Angelegenheit. Ich erzeuge verschiedene Bewußtseinsinhalte und beobachte, was passiert. Aus den beobachtbaren Ergebnissen kann ich dann meine Schlüsse ziehen.

Damit es noch plastischer wird, hier ein imaginativer Werkzeugkasten für die Elementarwesen der Natur:

Elementar-wesengruppe	*Gesamt-stimmung*	*Chakra-Resonanz*	*Ätherische Form*
Neue Elementarwesen	Harmonie	Herz + Hals	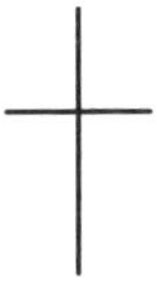
Luftwesen	Auflösung	Herzumraum	
Feuerwesen	Reifung	Solarplexus	
Wasserwesen	Bewegung	Sakralchakra	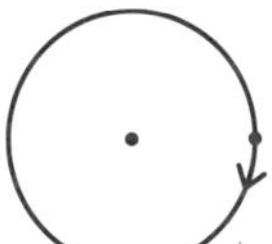
Erdwesen	Festigkeit	Wurzelchakra	

Hier sind drei imaginative Indikatoren beschrieben. Die Gesamtstimmung ist ein Gefühl, das ich in mir hervorrufe, und dann achte ich darauf, wie es zum Ort paßt. Bei der Chakra-Resonanz ist wichtig zu wissen, daß bei jedem Elementarwesen das Herz in einer seelischen Inniglichkeit angerührt sein kann. Deshalb habe ich oben »Herz +« hingeschrieben. Es geht also z.B. um das Herz und das Sakralchakra, die beide besonders lebendig werden und sich mit dem Ort verbinden und austauschen. Der dritte Indikator sind Vorstellungsformen. In Dreiecken, Vierecken und Fünfecken fühlen sich Erdwesen wohl. Dreiecke passen zu den Zwergen, nicht umsonst haben Zwerge in den Märchen immer Zipfelmützen. Vierecke passen zu Erdgnomen und Fünfecke nach meiner Erfahrung gut zu Zimmer- oder Wohnungswesen. Die Form der Erdwesen ist statisch, die Form für die Wasserwesen ist dagegen bewegt, zum Beispiel ein fester Mittelpunkt mit darum herumkreisender Bewegung. Auch diese Grundgeste findet man in den Märchen mit dem Nixenbild wieder. Oben eine feste Gestalt in Form einer Frau, unten Bewegung und Fließen durch den Fischschwanz. Die Form für die Feuerwesen ist auch bewegt, hier kommt aber die Wachheit und Kraft der sich durchdringenden Bewegungen im Mittelpunkt der Lemniskate hinzu. Bei den Luftwesen haben wir es nicht mehr mit einer fließenden Bewegung zu tun, sondern mit einem plötzlichen Beginnen und dann Verstieben. Bei den neuen Elementarwesen geht es um die Senkrechte (Aufgerichtet-Sein) und die Waagrechte (Ausgeweitet-Sein). Man kann sich die Formen vor sich hinstellen oder sich selbst mit seiner ganzen Gestalt in die Form hineinstellen.

Warum funktionieren diese Formen als Wahrnehmungsinstrument? Wenn wir uns etwas vorstellen, so schaffen wir immer ein ätherisches Gebilde. Der Stoff, aus dem die Gedanken und Vorstellungen gebildet werden, ist die Ätherkraft. In der Ätherwelt wirken auch die Elementarwesen, sie haben einen Ätherleib, und dieser paßt nun entweder zu den Formen, die wir anbieten, oder eben nicht, was man deutlich erleben kann. Ich habe mit diesem Werkzeugkasten, der durch Anregungen von Rudolf Steiner und Wolfgang Schneider zustandekam, lange und gerne gearbeitet. Ich konnte damit meine Erlebnisse gut ordnen. Der Vorteil der Übersichtlichkeit ist aber auch ein Nachteil, denn die Welt der Elementarwesen ist natürlich sehr viel komplexer, als es durch dieses grobe Schema erfaßt werden kann.

Imaginationen sind also ein Angebot von uns, in dem sich geistige Wesen ausdrücken und zur Erscheinung bringen können. Dabei gibt es auch Imaginationen, die sich wie von alleine bilden, ohne daß ich in eine bewußte Vorleistung gehen muß. Ich habe eine solche Imagination mit den Gestalten der Elementarwesenkönige beschrieben. Da diese aktiv den Kontakt zu mir suchten, bedurfte es von meiner Seite aus nur wenig Eigenaktivität, um die Imagination zu bilden. Ich wußte wie von selbst, was die richtige Form ist, ohne diese erst langsam durch Versuch und Irrtum zu finden. Die Elementarwesenkönige kamen so stark auf mich zu, daß sie mit ihrem Eintritt in meinen Seelenraum eine entsprechende Imagination anregten.

3. Inspirative Erkenntnis:
Das Erleben in der Imagination ist wie ein von außen darauf Schauen, eine Es-Beziehung. Dagegen ist die Inspiration wie ein persönliches Gespräch, eine Du-Beziehung.

Von der Imagination komme ich zur Inspiration, wenn ich die produzierten Vorstellungen wegnehme und mich nur noch in den inneren Gefühlen, Regungen und Tätigkeiten halte, die für die Produktion notwendig waren. Durch diesen Ruck nach innen kann ein Gespräch mit den Wesenheiten beginnen. In der Inspiration wird klar, mit was für einem Wesen ich es zu tun habe. Das inspirative Gespräch mit Elementarwesen verläuft meistens nonverbal. Diese können kein deutsch oder englisch.

Ein Beispiel: Ich bilde imaginativ ein Quadrat, mit dem mir der Gnom eines Steines erlebbar wird. Nun nehme ich die Vorstellung des Quadrates weg und konzentriere mich auf die Empfindungen, die mit dem Quadrat entstanden sind. Ich komme in diese Empfindungen nun stärker hinein, da die weggewischte Imagination nicht auch noch Aufmerksamkeit von mir verlangt. Ich lebe ganz im Herzen, und ich merke wie ein Herzensaustausch mit dem Gnom beginnt. Ich stelle dem Gnom die Frage, was er macht, und erlebe daraufhin den Stein sehr intensiv und eine große Liebe zum Stein. Das ist die Antwort des Gnomes, der den Stein zusammenhält, das Wesen des Steines ist und ganz hingebungsvoll, zufrieden und erfüllt dieser Aufgabe nachgeht.

Es gibt auch Elementarwesen, die in der Kommunikation mit Menschen geübt sind und wortnahe Gedanken- und Gefühlsgesten liefern, die man dann sehr leicht in Sprache übersetzen kann. Bei solchen Elementarwesen kann man dann den Eindruck haben, als ob die Kommunikation über das Wort erfolge.

Ein Schlüssel zur Inspiration ist die Ruhe und das Hören. Wenn ich immer nur selbst rede, dann kommt das kontaktierte Wesen kaum zum Zuge. Dieses benötigt einen offenen, ruhigen Seelenraum, um sich aussprechen zu können.

Imagination und Inspiration sind in der Praxis nicht getrennt, sondern gehen ineinander über. Meistens werden Imaginationen durch Inspirationen begleitet, die man vielleicht gar nicht als solche erkennt, und man meint dann, man hätte keine Inspirationen.

Nach meiner Erfahrung kommt man mit der Inspiration aber auch schnell an Grenzen. Denn Inspiration setzt einen Beziehungsaufbau voraus. Die Beziehung zu Elementarwesen ist so ähnlich wie die Begegnung mit einem Menschen. Zunächst sieht man ihn von außen. Erst über ein längeres gemeinsames Leben offenbart sich immer mehr sein Innerstes. Auch bei einem Elementarwesen weiß man zunächst nur, daß es da ist. Um mehr zu erfahren, ist ein längeres Kennenlernen notwendig. Mit mir eng vertrauten Elementarwesen geht die Inspiration viel besser und differenzierter als mit neuen Bekanntschaften. Bei neuen Bekanntschaften ist das Gespräch oft sehr kurz. Elementarwesen machen keinen »Small-Talk«, und für ein intensives Gespräch ist die Beziehungsebene eben noch nicht aufgebaut.

4. Intuitive Erkenntnis:
In der intuitiven Erkenntnis nehme ich auch die innere inspirative Tätigkeit weg, halte mich aber wach und mache so einen Ruck nach außen und identifiziere mich mit dem geistigen Wesen, erlebe dessen Leben, Organisation und Zusammenhang mit der Geistwelt. Mich gibt es in diesem Augenblick nicht mehr, sondern nur das identifizierte Wesen, das ich bin. Ich sehe die Welt mit den Augen dieses Wesens. Dieses nimmt mich in sich auf. Es gibt eine Intuition, die für uns alle sehr zentral ist, nämlich unser eigenes Ich-Erleben, die Intuition von uns selbst als Ich. So wie wir uns selbst als Ich erleben, erleben wir in der Intuition andere Wesen. Die intuitive Erkenntnis ist immer eine Ich-Beziehung. Sie ist intimer als die Inspiration und nach meiner Erfahrung auch seltener, da die notwendigen Seelenbedingungen schwerer herzustellen sind.

Wer von diesen Stufen zum ersten Mal hört, dem mag das sehr fremd und unerreichbar vorkommen. Das gibt sich, wenn man sich daran gewöhnt hat. Letztlich sind diese Wahrnehmungsinstrumente der Geistesforschung uns Menschen wohlvertraut. Denn wir alle haben in unserem normalen Leben fortlaufend Imaginationen, Inspirationen und Intuitionen, die wir nur als solche nicht bewußt ergreifen können. Nach meiner Kenntnis arbeiten alle, die in wachem Bewußtsein übersinnlich wahrnehmen, mit diesen Stufen, auch wenn sie es selbst nicht so formulieren. Ich habe jetzt die Imagination, Inspiration und Intuition begrifflich klar getrennt. In der Praxis vermischen sie sich meistens.

Wie kommt man im geistigen Erleben zu einer Objektivität?
Zu dieser Frage scheinen mir folgende Punkte wichtig:

Im geistigen Erleben ist der Mensch selbst das Wahrnehmungsorgan. Genauso wie der Physiker im Labor seine Instrumente putzt und auf die Temperatur oder Luftfeuchtigkeit achtet, so ist es notwendig, sich laufend selbst zu putzen und in Form zu halten. Dazu dient eine regelmäßige Meditationspraxis, innere Reinigung und Arbeit an der seelischen Ausgeglichenheit. Zu pflegende Eigenschaften sind zum Beispiel die Konzentration der Gedanken, Ausgeglichenheit der Gefühle, Beständigkeit des Willens, Offenheit und Positivität.

In der konkreten Wahrnehmung ist die Absichtslosigkeit notwendig. Denn jede Absicht verdeckt oder verzerrt die Wahrnehmung. Wenn ich etwas will, dann kommt das Wesen kaum mehr durch. Ich versuche in jeder geistigen Wahrnehmung zu prüfen, ob ich mich wirklich in einem absichtslosen Zustand befinde. Hier bin ich immer etwas skeptisch, denn mir ist klar, daß sich in Seelentiefen vieles verbirgt, das sich beimischen könnte.

Entscheidend ist ein Evidenzerlebnis, ein Wahrheitsgefühl. Dieses Evidenzerlebnis kennen wir aus jeder physisch-sinnlichen Wahrnehmung. Daß hier ein Boden ist, das brauche und kann ich nicht beweisen, denn ich sehe und taste ihn ja. Ich erlebe die Wahrheit direkt. Deshalb benützen wir in der deutschen Sprache auch das Wort »Wahrnehmung«. Im Wahrnehmen »nehme« und anerkenne ich das »Wahrsein« eines Dinges oder Vorganges. Auch bei geistigen Wahrnehmungen sollte dieses Evidenzerlebnis, dieses Wahrheitsgefühl auftreten. Es gibt auch geistige Erlebnisse, die sich falsch anfühlen. Das ist dann Veranlassung, genauer hinzusehen.

Unersetzlich ist der Austausch mit anderen. Grundsätzlich ist es so, daß Elementarwesen von allen in ähnlicher Art wahrgenommen werden können, die sich dazu ausgebildet haben. Wenn ich sage, daß an diesem Ort ein großes Wasserwesen seinen Fokus hat, dann sollte das auch für andere erlebbar sein. In der Praxis ist dieser

Anspruch nicht voll erfüllbar. Denn die Wahrnehmungsfähigkeiten der einzelnen Menschen sind nicht deckungsgleich. Wir befinden uns alle noch im Anfangsstadium der Ausbildung unserer geistigen Wahrnehmungsorgane. Die beste Ausbildung findet im Austausch mit anderen statt. In der persönlichen Begegnung können Fähigkeiten von einem zum anderen springen. Die Kommunikation schützt vor individuellen Einseitigkeiten und Fehlinterpretationen. Die Qualität jeder Wissenschaft entsteht durch die Kommunikation zwischen den Wissenschaftlern. Auch in der Geistesforschung ist das so. Erst durch das Zusammentragen und Abgleichen der Erlebnisse entsteht ein Gesamtbild. Denn naturgemäß steht jeder durch seine menschliche Konstitution, Erfahrung, Begriffsbildung, Karma, usw. an einem ganz speziellen Wahrnehmungsort. Der Wirklichkeit kommt man um so näher, je mehr Standorte man berücksichtigt. Objektivität entsteht nicht durch Ausschalten der Subjektivität, sondern durch Berücksichtigung und Einbeziehen des subjektiven Standpunktes. In der Naturwissenschaft will man oftmals eine Objektivität herstellen, indem man den Menschen ganz ausschaltet und z. B. nur auf technische Meßinstrumente setzt. Doch auch ein Meßinstrument ist subjektiv, es liefert auch nur Informationen von seinem jeweiligen Standpunkt aus. In der Geistesforschung ist es gänzlich unmöglich, den Menschen auszuschalten, denn der Mensch selbst ist das einzige Wahrnehmungsinstrument. Der Objektivität kommt man am nächsten, wenn man sich seiner subjektiven Begrenzungen bewußt ist und versucht, weitere Standpunkte mit einzubeziehen.

Als sehr hilfreich und praktisch erachte ich den Test mit anderen Orten und anderen Zeiten. Die geistigen Erlebnisse sind oft sehr fein und kaum greifbar. Oft wird mir der Unterschied erst deutlich, wenn ich versuche, dasselbe Erlebnis an verschiedenen Orten zu erzeugen. Auch versuche ich gerne, an verschiedenen Tagen wiederholt in eine geistige Wahrnehmung hineinzukommen, um so den Einfluß der Tagesstimmung auszuschließen.

Ergebnisse der Geistesforschung sind zwar grundsätzlich wiederholbar und überprüfbar, aber es gibt Einschränkungen. Denn zur Wiederholung muß man dieselben Erlebnisbedingungen erzeugen können. Je komplizierter und einzigartiger die Ergebnisse, um so schwieriger ist das. Manchmal ist es unmöglich. Die Wiederholbarkeit ist auch deshalb nicht beliebig, da an einem geistigen Erlebnis die jeweiligen geistigen Individualitäten mitwirken. Diese müssen auch wollen, und vielleicht interessiert es ein Elementarwesen oder einen Engel gar nicht, daß ich aus Wissenschaftlichkeitsgründen das Bedürfnis nach einer Wiederholung der gestrigen Kommunikation habe.

Laufendes geisteswissenschaftliches Studium und Begriffsbildung erscheint mir unabdingbar. Denn nur mit feinen Begriffen sind feine Wahrnehmungen möglich. Wenn ich nur den Begriff »Energie« oder »Schwingung« habe, dann werde ich auch nur »Energie« erleben können. Wenn ich begrifflich zwischen Ätherkraft, Elementarwesen, Engel, Verstorbenen und Christus unterscheiden kann, erst dann kann ich diese Unterschiede auch wahrnehmen. In der physischen Welt ist das genauso. Was kann ein begeisterter Fachmann nicht alles entdecken, was ein uninteressierter Laie niemals bemerken würde?

Eine Sicherheit im geistigen Erleben entsteht natürlich erst durch Erfahrung. Durch jahrelange Praxis bildet sich eine innere Landkarte. Man kann Erlebnisse klarer greifen und einordnen, da man Ähnliches schon kennt. Bei den ersten bewußten geistigen Erlebnissen ist man oft aufgeregt. Besser ist es aber, wenn man ganz gelassen bleibt. Durch Routine entsteht diese Gelassenheit.

Soweit der kleine Überblick zu den methodischen Fragen der Elementarwesenwahrnehmung.

Als größtes Problem der Geistesforschung erlebe ich, daß diese in unserer Kultur noch zu wenig etabliert ist. Für die Naturwissenschaft gibt es Tausende von Professorenstellen und Milliarden von Forschungsgeldern. Naturwissenschaft wird in der Schule allgemein unterrichtet. Dagegen gibt es im öffentlichen Bewußtsein die Geistesforschung noch gar nicht. Wer daran arbeitet, wird eher schräg angesehen. Angesichts dieser ausgegrenzten Lage fehlt es dann oftmals am Mut, sich wirklich auf den Boden der Geistesforschung zu stellen. Man macht methodische Konzessionen oder versteckt Geistiges hinter naturwissenschaftlich klingenden Worten. Durch die fehlenden Strukturen werden die Potentiale und Ressourcen nicht erschlossen. Wohin soll sich jemand wenden, um sich auszubilden? Konkret fehlt es an Vernetzung, Ausbildungsmöglichkeiten, wissenschaftlichen Kongressen, Fachbibliotheken und Forschungsprojekten. Damit ein geistiger Impuls in das alltägliche gesellschaftliche Leben kommt und ausreift, muß er von vielen Menschen durchgekaut und verinnerlicht werden. Um dieses Durchkauen zu fördern und die Wahrnehmungsmöglichkeiten, die viele Menschen heutzutage mitbringen, anzuregen, träume ich von einer Stiftung »Geistesforschung«. Ich hoffe darauf, daß sich einmal Menschen finden werden, die das notwendige Stiftungskapital beitragen können und wollen.

Cres-Riesen

Die Anzahl der Arten von Naturelementarwesen ist unermeßlich. Die Biologen und Botaniker arbeiten schon seit Jahrhunderten an der Klassifizierung der Tier- und Pflanzenarten und entdecken immer wieder neue. Nach meiner Einschätzung ist die Artenvielfalt der Naturelementarwesen noch viel größer. Genauso wie jede Landschaft ein besonderes Stimmungsgepräge hat, findet man auch besondere Elementarwesen, die diese Stimmung tragen.

Meine Söhne spielen Volleyball, essen Eis und tauchen. Nach einigen Tagen der Eingewöhnung läuft es nun wie von alleine. Sie haben sich mit anderen Kindern angefreundet und sind ständig und bis tief in die Nacht unterwegs.

Ich sitze in der Sonne auf einem Felsen und betrachte die Elementarwelt. Was fällt mir besonders auf? Über dem Meer vor dem geliebten Strand tanzen sehr viele mittelgroße Wasserwesen. Vor den Felsen und weiter draußen auf dem Meer ist es dünner bevölkert. Die Wasserwesen lieben offensichtlich die spielenden Kinder und entspannten Erwachsenen und kommunizieren gerne mit deren Gefühlsaura.

In der Strandmitte strahlt ein großes, herrliches, lichtes, kristallenes Christus-Elementarwesen und verbreitet Harmonie, Gelöstheit und Wohlwollen. Jetzt verstehe ich, warum dieser Strand einfach gemütlicher und erfüllter ist als die anderen Strände.

Ich konzentriere mich auf die Felsen und die Steine und empfinde mich sehr schnell von vielen Augen angesehen: Unmengen freudig schaffender Gnome.

Ich besinne mich nun auf den Landschaftsengel und erlebe mich bald so, als ob ich jede Ecke, jede Pflanze, jedes Haus, jeden Stein geistig durchdringen würde. Die Landschaft ist der Leib des Landschaftsengels, er fühlt sich in allem, hat alles im Bewußtsein. So wie jeder Mensch einen Engel hat, der ihn begleitet, hütet und durchdringt, hat auch jede Landschaft einen Engel. Wenn man etwas über eine Landschaft erfahren will, wendet man sich am besten an ihn. Er weiß alles und ist die höchste Instanz der Landschaft. Offensichtlich bin ich in Kontakt mit ihm. Ich möchte es aber testen und frage, wo er seinen Fokus hat. Mein fühlend-tastender Blick wird auf das Meer vor den Hafen gezogen. Ja, hier kann ich einen gewaltigen sich nach oben verbreiternden Trichter mit starker Engelsenergie erleben. Ein gewaltiger Engel! Ich frage weiter, ob er mir eine Ätherquelle zeigen kann. Das ist ein übliches ätherisches Landschaftsorgan. Ätherkraft strömt aus dem Erdinneren wie ein Springbrunnen heraus und verteilt sich in der Umgebung, diese mit Lebenskraft versorgend. Der Engel reagiert sofort und zeigt mir die Stelle am Hafenkai. Dort erlebe ich die Ätherquelle und fühle mich selbst durchströmt. Ich bedanke mich und frage, ob er mir etwas Besonderes zeigen möchte.

Sofort bekomme ich wieder einen Impuls, und mein Blick wird auf einen Ort am Rand des Campingplatzes gezogen. Mein erstes Erleben ist Rauhheit, Kraft, Zusammenhalten. Ich verweile in wahrnehmender Aufmerksamkeit an dem Ort, werde von dem Kraftprotz aber wie zurückgestoßen. Ist das nur die rauhe Schale über dem weichen Kern oder ist der wirklich so? Welchen Raum nimmt er ein? Wie ist seine Form? Mit diesen Fragen lebend fällt mir der Kiefer herunter. Diese Stimmung finde ich in einem Raum von etwa zehn Meter Breite, und sie ragt wie eine Säule nach oben – 100 Meter – nein noch weiter – vielleicht 200 Meter! Was ist denn das? Ich mache mir darüber keine Gedanken, sondern erwärme mein Herz und strahle den Kraftprotz an. Vielleicht zeigt er sich dann mehr. Allmählich beginnt ein Herzensfluß, und ich komme in Kontakt. Ja, es ist ein Elementarwesen, aber eines, wie ich es noch nie erlebt habe. Trotz seiner Unwirschheit kann ich ihn immer besser wahrnehmen. Er hat eine prägende Ausstrahlung über die ganze Landschaft hinweg. Er scheint hier so etwas wie ein Chef zu sein. Wenn ich an die

Hauptkategorien Erd-, Wasser-, Feuer-, Luft-, Licht- und Christuselementarwesen denke, dann paßt er nur zu den Erdwesen. Er ist aber ganz anders als die mir bekannten Erdwesen. Er hat ein sehr starkes Eigensein, identifiziert sich mit seiner Geschichte, scheint uralt zu sein, kräftig-mächtig und hat fast menschliche Züge. Ist es überhaupt ein Naturelementarwesen oder ist er durch Menschentaten entstanden? Wie könnte ich ihn bezeichnen? – Ich suche herum. »Cres-Riese!« Ja, das ist so einer, den man in den Märchen vielleicht als Riese bezeichnet. Ich habe noch nie einen erlebt. Der Kontakt wird wieder schwächer. Ich verabschiede mich.

Einige Stunden später mache ich einen Ausflug. Bei einem Aussichtspunkt mit Blick über die bergige Insel und das Meer kommt mir der Riese von Valun wieder in den Sinn. Finde ich hier vielleicht auch welche? Ich rufe in mir das Riesen-Gefühl wieder hervor und taste mit dieser Einstellung die Umgebung ab. – Da, kaum zwanzig Meter links, strömt mir dieses Gefühl entgegen! Tatsächlich, da steht schon wieder einer dieser Riesen! Noch mächtiger und größer als der erste. Die Herzensverbindung kommt schnell in Fluß. Entweder ist dieser zugänglicher oder ich habe durch die erste Begegnung schon so viel gelernt, daß ich mich besser auf ihn einstellen kann. Die Verbindung und das Verschmelzen mit ihm sind so gut, daß auch ein inneres Gespräch möglich wird. Ein Gespräch in Gefühlen und Bildern. Ich frage und halte mich in meditativer Ruhe, und die Antworten bilden sich wie von selbst in meiner Seele. Natürlich nicht von selbst, sondern diese Antworten strömen mir von ihm zu. Das kann ich klar erleben.

Ein Problem sind nur die Touristen. Schon wieder hält ein Auto. Ob ich ein Foto machen könne? Ja, gerne. Ein Mann und zwei Frauen postieren sich vor dem Panorama. Klick. Eine Frau schaut auf die Uhr. Vielen Dank. Die Autotüren schlagen zu. Weg sind sie.

Lieber Riese, entschuldige, hier bin ich wieder. Wo waren wir stehengeblieben? Hinter mir bremst ein Wohnmobil. Die Türe öffnet sich. Zwei kläffende Pudel springen heraus und verbreiten eine unglaubliche Unruhe. Ein zweites Auto hält. Zwischen mir und dem Riesen bringt sich ein dicker Mann in Stellung. Klick. Weg sind wieder alle.

Warum können die nicht einfach dableiben, Ruhe bewahren und die Aussicht genießen? Es ist hier doch so herrlich! Warum machen die alle ein mittelmäßiges Foto, anstatt das phantastische Original einzuatmen? Wer soll diese ganzen Fotos nur ansehen? Was soll aus dieser Menschheit nur noch werden? Stop! Ich habe die Verbindung zum Riesen schon fast verloren. Ich bin für die Fotos nicht verantwortlich, und ich habe keine Lust auf niederziehende Gedanken. Stop! Es wird alles schon seinen Sinn haben und sich zum Guten wenden. Und ich produziere noch ein paar nette Gefühle.

Das Gespräch mit dem Riesen kommt dann doch noch in Gang: Die ganze Insel Cres sei von Riesen bevölkert. Es gäbe viele. Sie leben hier schon lange, mehrere Tausend Jahre. Es sei »ihre« Insel. Sie seien hier die größten Elementarwesen, kennen sich gegenseitig gut und leben wie eine Familie zusammen. Sie leben nur auf Cres, andere Gebiete interessieren sie nicht. Tief im ätherischen Erdinnern haben sie einen Treffpunkt, eine Ätherhöhle. Von jedem Riesen geht eine Kraftlinie zu dieser Höhle, und so ist die Riesenfamilie untereinander in enger Verbindung. Der Riese nimmt mich über die Kraftlinie in das Erdinnere mit hinein und zeigt mir die Höhle. Diese wirkt sehr gemütlich. Sie scheint leer zu sein. Oder war da nicht doch ein Riese? Ich weiß es nicht genau. Dieser Besuch ging so schnell, daß ich mich gar nicht richtig umsehen konnte. Auf die Frage, wie sie entstanden seien, wird der Riese durchlässig, und ich komme in eine höhere Engelssphäre. Ich schließe daraus, daß auch die Riesen genauso wie die anderen Naturelementarwesen aus Engelstaten entstanden sind. Die heutigen Menschen finden sie merkwürdig, unverständlich, wie Fremdkörper. Zu den anderen Naturelementarwesen der Insel haben sie ein sehr gutes Verhältnis. Diese haben sich dem Kraftgefüge der Riesen angepaßt und eingefügt.

Soweit das Gespräch. Eine Stunde später entdecke ich über der Stadt Cres den dritten Riesen.

Jetzt verstehe ich das Geheimnis der Insel Cres. Wenn man die Fähre verläßt, empfindet man sich wie in einer anderen Welt. Karg, gewaltig, urferne Zeiten, wie auf den schottischen Highlands. Ganz anders als das Festland oder die anderen Inseln der Adria. Jetzt verstehe ich, wie es Cres schafft, eine solch unbeschreibliche Stimmung zu erzeugen. Das sind die Cres-Riesen. Wenn man die Fähre verläßt, dann nehmen einen die Riesen von Cres in die Arme.

Zwei Tage später gehe ich noch einmal zu dem Riesen am Aussichtspunkt. Theoretisch geht ein Kontakt zu einem Elementarwesen von jedem Ort der Welt aus. Man muß nur an es denken und das Herz öffnen. Die Äther- und Astralwelt ist keine räumliche Welt. Doch wenn ich mit einem Wesen noch nicht so vertraut bin, dann kann ich das nicht aus der Ferne. Mein Erleben ist zu dünn und unzuverlässig, und ich bekomme keine klare Verbindung hin. An seinem physischen Verankerungsort habe ich viel mehr Wahrnehmungen und kann den Seelenweg eher zu ihm finden.

Ich erlebe den Riesen weicher und freundlicher. Die Beziehung ist vertrauter, die Distanz abgebaut. Nach einem Eingangsgeplänkel frage ich ihn nach der Höhle. Ob er sie mir noch einmal zeigen könne, das letzte Mal sei es so schnell gegangen? Dem Riesen ist es ganz recht, und hinab geht es. Mein Erleben verändert sich. Ich erlebe nun die ganze Insel. Vorher empfand ich nur den Bereich um den Aussichtspunkt. Von innen durchdringe ich nun die ganze Insel. So als ob ich Cres tragen würde. Für mich heißt das, daß diese Riesenfamilie die Insel energetisch zusammenhält. Da ich in das Zentrum der Riesenfamilie mitgenommen wurde, kann ich deren Tun miterleben. In der Höhle ist es wohlig warm. Sie ist nicht leer. Sie wird von einem würdigen Riesen erfüllt, der eine aufnehmende, mütterliche Atmosphäre verbreitet. Diese Riesen-Mutter scheint hier immer zu sitzen. Offensichtlich ist sie das Zentrum oder Herz der Riesenfamilie und der Insel. Nach einer Weile des Durchdrungenseins verabschieden wir uns, und es geht wieder nach oben.

Ich frage den Riesen, wann er zum letzten Mal einen so direkten Kontakt mit einem Menschen hatte? Der Riese überlegt ein Weile: Ja, es ist schon lange her, etwa vier- oder fünfhundert Jahre. Da hinten – und er zeigt auf die Hügel über der Hafenstadt Cres – saß er immer und betete, ein feiner Mann. Er war strahlend, von Engeln umgeben und hat uns viele gute Kräfte gegeben. Das war der letzte Mensch, der bewußt mit uns sprach und verkehrte. Seitdem sind die Menschen verschlossen und fremd geworden.

Ich fahre auf der Insel weiter nach Süden, um die Ortschaft Beley anzusehen. Bald entdecke ich auf einer Wiese schon wieder einen Riesen. Dieser weiß schon von meinen Begegnungen mit seinen Brüdern. Die Kommunikation funktioniert in der Familie offensichtlich gut. Ich frage diesen Riesen, ob er mir etwas Besonderes zeigen möchte? Der Riese lenkt meinen Blick zu einem Nadelbaum. Der Raum vor dem Baum ist ganz seelenerfüllt, dicht und heiter. Was ist das? Das ist die Stimmung eines etwa eineinhalb Meter großen Zwerges. Aber wie sieht denn der aus? Ich muß lachen. Ganz anders als die Zwerge in Deutschland! Aber was ist an diesem Zwerg anders? Ich weiß genau, daß etwas falsch ist, finde aber nicht heraus, was es ist. Imaginationen erlebe ich nie ausgeformt, sondern es sind immer nur Andeutungen mit wenigen Prozent Schärfe. Es ist nicht wie ein Foto, sondern eher wie ein Bild moderner Malerei mit Gesten und Farbstimmungen. Figuren sind nur mit einigen Strichen angedeutet. Das imaginative Bild allein ist mir nicht wichtig. Bedeutungsvoll und wirklich wird es erst durch das verbundene Umfeld der Gefühle, Kräfte, Gedanken und Reaktionen in meinen Chakren und der Aura, Veränderungen meines Selbstempfindens und meiner Bewußtseinsverfassung usw. Und so ist auch die Imagination dieses Zwerges nur in wenigen Strichen gezeichnet, aber mit deutlichsten Empfindungen unterlegt. Und ich weiß, etwas ist falsch, kann aber nicht erkennen, was falsch ist.

Der Zwerg freut sich, daß ich mich freue, und so geht es einige Male hin und her. Ich finde, daß es jetzt genug ist, verabschiede mich, drehe mich um und will zurück zum Auto. Da zieht der Zwerg an mir und bedeutet mir, daß er mit will. Ich überlege kurz. Etwas Platz ist in meiner Aura schon noch, und so ein Zwerg ist ein lustiger Begleiter. Also komm, steig auf, wenn du hier abkömmlich bist! Und der Zwerg springt in meine Aura und steigt so mit ins Auto. Er fährt mit zum Zeltplatz und vergnügt sich dort an den kommenden Tagen.

Am Abend wird mir dann klar, was an diesem Zwerg falsch ist. Bei deutschen Zwergen wächst der Bart, soweit sie einen haben, nach unten. Auch mein neuer Zwergenfreund hat einen Bart, sogar einen großen. Doch der wächst nach oben, Richtung Himmel. Nach allen Seiten biegen sich geschwungene Haarstränge nach oben. Natürlich ist das eine Imagination. Zwerge haben keine physische Form und auch keinen Bart. Aber dieses Bild paßt sehr gut zum Erlebnis. Es stellt sich nun die Frage, ob bei allen Zwergen auf Cres der Bart in den Himmel wächst? Ich glaube nicht. Ich glaube eher, daß mein Zwergenfreund einen Witz gemacht hat. Ich schaue ihn mir noch einmal an. Wo ist er? Ach ja, dort vor dem Zelteingang. Genauso wie ich es vermutete: Jetzt ist der Bart weg! Es ist ein Zwerg, wie ich sie kenne.

Was ist geschehen? Elementarwesen können sich in imaginative Bilder verdichten, und sie können so verschiedene Formen annehmen, sich sozusagen verkleiden. Als mich der Riese auf den Zwerg aufmerksam machte, hat dieser sich stark auf das Bild des gegen den Himmel wachsenden Bartes konzentriert, sich in diese Form verwandelt und über diese Idee gefreut. Normalerweise bin ich mit meinen unscharfen imaginativen Wahrnehmungen zufrieden. Doch diesmal nicht. Ich glaube, das lag daran, daß sich der Zwerg durch seine Konzentrationsleistung stärker verbildlichte als normal und ich eben bemerkte, daß meine imaginative Fähigkeit nicht ausreichte, um zu erfassen, was der Zwerg mir zeigen wollte.

NATURELEMENTARWESEN

Die Elementarwesen sind ganz anders als wir Menschen. Und sie leben in einer anderen Welt. Für mich war es sehr wichtig, möglichst viel über sie zu erfahren. Denn wenn man die Situation des anderen gar nicht versteht, dann ist eine Begegnung schwierig. Die Elementarwesenkunde ist natürlich ein unermeßliches Forschungsfeld. Was sind die grundlegenden Informationen? Was sollte man unbedingt wissen, um die Welt der Elementarwesen verstehen zu können?

Der Lebensraum der Elementarwesen ist die Äther- und Astralwelt.

Die Ätherwelt ist die Welt der Lebensbildekräfte, die Welt der Energie. Die Ätherwelt hat für uns eine sehr große Bedeutung. Denn alles Physisch-Sinnliche, alle Materie schwimmt in der Ätherwelt und ist aus dieser heraus gebildet. Unser physischer Körper ist von einem Ätherleib umgeben. Sterben bedeutet, daß der Ätherkörper den physischen Körper verläßt. Der physische Körper kann sich alleine nicht halten und verfällt. Er erhält seine Lebendigkeit vom Ätherleib. In diesem spielen sich die Lebensprozesse ab. Im Ätherleib bilden sich auch die Krankheiten, bevor sie im physischen Leib auftreten. Die asiatische Medizin arbeitet häufig direkt mit dem Ätherleib. Ebenso viele westliche Heilpraktiker. Heilende Hände bringen den Ätherfluß des Patienten wieder in Gang. In homöopathischen Arzneimitteln geht es nicht um den Stoff der Heilpflanze, sondern um deren Information und Kraft. Es macht nichts aus, daß in den potenzierten Kügelchen oder Lösungen nichts Stoffliches der Heilpflanze mehr enthalten ist, denn es geht um die Ätherkraft der Pflanze.

Der Ätherleib ist einfach zu erleben. Jede und jeder kennt die Empfindung, daß einem jemand räumlich zu nahe kommt. In einem Umkreis von ca. 30 cm möchte man wirklich nur Freunde haben.

Warum? Weil sich der Ätherleib normalerweise etwa in diesem Abstand um einen herum ausdehnt. Mit guten Freunden findet sowieso ein ätherischer Kräfteaustausch statt; dann hat man es auch gerne, wenn sie sozusagen direkt im eigenen Ätherleib sitzen. Mit Fremden oder unsympathischen Menschen ist der Kräftefluß blockiert, deshalb will man diese auch nicht im eigenen Ätherleib haben.

Man kann den Ätherleib mit den Händen tasten. Dazu ist es notwendig, daß man sich zuerst des eigenen Ätherleibes bewußt wird. Denn man kann immer nur Gleiches mit Gleichem wahrnehmen. Als einfache Grundübung kann man beide Handflächen aufeinanderzubewegen, bis man einen Widerstand, ein Wattegefühl, ein Kribbeln oder Abstoßen im Raum zwischen den Händen empfindet. Mit dieser Sensibilisierung kann man dann den Ätherleib eines Menschen oder einer Pflanze abtasten. Wenn man geübt ist, kann man damit auch Lebensmittel auswählen. Biologische, natürliche und gesunde Nahrungsmittel haben eine größere Ätheraura als z. B. künstlich gezüchtetes und auf Größe getrimmtes Gemüse.

Der Ätherleib ist auch der Bereich, in dem sich unsere Gedanken und Vorstellungen bilden. Ein Gedanke verdichtet sich von höheren geistigen Ebenen bis in den Ätherleib. Dort können wir ihn dann wahrnehmen. Ein Zugang in die ätherische Welt ist es also auch, wenn man sich das Kräftefeld des Denkraumes erlebbar macht und über die Frage meditiert, aus welcher Substanz bestehen Gedanken und Vorstellungen?

Der Ätherleib ist sehr flexibel und immer in Wandlung. Durch Konzentration kann man ihn ausdehnen oder zusammenziehen. Was man intensiv denkt, in das verwandelt man sich ätherisch.

Die ganze Landschaft ist von Ätherkraft durchzogen. Diese ist von Region zu Region sehr unterschiedlich. Die Geomanten untersuchen die Äthergestalt einer Landschaft, eines Hauses oder eines Raumes und kennen die unterschiedlichsten Ätherorgane. Dazu gehören zum Beispiel die bekannten Leylinien, auf denen früher bevorzugt Kirchen, Burgen und Schlösser gebaut wurden. Die Leylinien sind so etwas wie das ätherische Nervensystem der Landschaft, über das sich Informationen verbreiten.

All diese ätherischen Auren und Gebilde sind nun die Leiber der Elementarwesen. Wenn ich die Ätheraura einer Pflanze taste, dann streichle ich eine Nixe oder Sylphe. Wenn ich die Ätheraura eines Steines taste, dann streichle ich einen Gnom. Wenn ich den Ätherleib eines Menschen taste, dann streichle ich die Elementarwesenschar, die zu ihm gehört.

Die Elementarwesen der Natur sind hauptsächlich damit beschäftigt, die ätherischen Kräfteflüsse zu regulieren. Das ist ihre Aufgabe. Eine Leylinie gibt es zum Beispiel nicht nur als ätherisches Gebilde. Sondern auf dieser sitzen immer Zwerge, die den Kräftestrom steuern oder anschieben. Nach meiner Kenntnis gibt es keine Ätherwelt ohne entsprechende Elementarwesen. Ätherwelt und Elementarwelt sind wie zwei Seiten einer Medaille.

Die Elementarwesen können die Ätherwelt regulieren, weil sie auch in einer höheren Ebene leben. Eine geistig höhere Ebene wirkt immer auf die tiefere. Die Elementarwesen haben nämlich ihr Bewußtsein im Astralplan. Der Astralplan selbst ist die Gesamtheit aller Elementarwesen in den unterschiedlichsten Ausformungen. Er ist »feiner« als der Ätherplan. Hier hat man es nicht mehr mit Kräften, sondern mit Empfindungen und Erlebnissen zu tun.

Im Schlaf trennt sich unser Astralleib vom Ätherleib und physischen Körper. Ätherleib und physischer Leib bleiben zusammen – wir schlafen ja nur und sterben nicht. Im Schlaf verlieren wir das Bewußtsein. Nach dem Aufwachen hat man aber oft die Stimmung, daß in der Nacht viel passiert ist, oder erinnert man sich an Träume. Der Astralleib hat sich in der Nacht nicht aufgelöst, sondern er war nur zusammen mit dem Ich außerhalb von Ätherleib und physischen Körper, hat dort viel gemacht und wurde von den Engeln wieder erneuert. Wenn der Astralleib und das Ich wieder in den

Ätherleib und physischen Leib einziehen, dann erwachen wir, und unser bewußtes Erleben beginnt. Das ist die wesentliche Veränderung, wenn wir am Morgen aufwachen. Dem Astralleib verdanken wir also die Fähigkeit des Erlebens und des Bewußtseins.

Im Fühlen sind wir dem Astralleib am nächsten. Ein Gedanke wird im Ätherleib geformt. Erlebt und gefühlt wird er vom Astralleib. Ohne den Astralleib könnten wir den Gedanken gar nicht erleben.

Den Astralleib kann man aurisch empfinden, wenn man darauf achtet, wie es sich anfühlt, wenn jemand näher als etwa einen Meter kommt. Man empfindet dann meistens, »er tritt in meine Sphäre«.

Der Astralplan ist die Ebene des Erlebens und des Fühlens. Die Elementarwesen bestehen im Kern auch aus Erleben und Fühlen. Sie sind sozusagen »Erlebnis pur«. Deshalb ist die Begegnung mit Elementarwesen auch so erlebnisintensiv.

Um Elementarwesen richtig zu verstehen, sollte man auch die Ebene über dem Astralplan, die eigentliche geistige Welt, ins Auge fassen. Die Elementarwesen sind Wesen, aber kein Geist. Engel oder das wirkliche menschliche Ich ist Geist. Die geistige Welt besteht aus den Engelshierarchien, den Toten, die man auch Sphärenmenschen nennen kann, und der göttlichen Trinität. Die Elementarwesen werden aus dem Geist geleitet. Sie sind immer mit geistigen Wesen verbunden. Die Elementarwesen einer Pflanze werden vom Engel der Pflanzenart getragen. Dieser wird auch Gruppenseele der Pflanze oder Deva genannt. Die Elementarwesen eines Steines sind mit dem Engel der Steine verbunden. Die Elementarwesen einer Landschaft werden vom Landschaftsengel durchdrungen. Die Elementarwesen des menschlichen Körpers werden vom jeweiligen Schutzengel gestärkt. Die Engel umfangen die Elementarwesen und leiten sie. Genauso wie es keine Ätherwelt ohne Astralwelt gibt, genauso wenig gibt es eine Astralwelt ohne die geistige Welt.

Die Äther- und Astralwelt ist keine räumliche Welt. Raum und Zeit gibt es nur in der physischen Welt. Das ist in der Praxis nicht einfach zu verstehen, denn tatsächlich erlebt man bestimmte Elementarwesen an bestimmten physischen Orten. An einem bestimmten Platz findet man ein Erdwesen, an einem anderen Platz ein Wasserwesen. An den Wurzeln der Pflanze erlebt man schaffende Gnome, an den Blättern Nixen, an den Blüten Sylphen. Sind die Elementarwesen also doch räumliche Wesen? Ich meine nein, jedoch ist der Raum nichts anderes als eine Spiegelung der Äther-, Astral- und Geistwelt. In diesen Welten gibt es keinen Raum, es gibt aber verschiedene Aufgaben, Entwicklungsstufen und Beziehungen zwischen den Wesen. Diese Aufgaben, Entwicklungsstufen und Beziehungen werden in die physische Welt gespiegelt und so zu Orten.

Wie das funktioniert habe ich an Mind-Maps und Familienaufstellungen verstanden. In Mind-Maps werden Beziehungen von Gedanken auf ein Blatt Papier gemalt. Allmählich füllt sich das Blatt, und jeder Gedanke findet seinen richtigen Ort. In Familienaufstellungen wird das Beziehungsgeflecht der Familienmitglieder durch Stellvertreter oder Figuren im Raum aufgestellt. Man merkt, ob zwei Personen nahe oder entfernt, zu- oder abgewandt stehen müssen. Gedankenzusammenhänge und Familienbeziehungen sind genauso wenig wie Elementarwesen räumlich, sie können aber ins Räumliche gespiegelt werden. Die Entstehung des Raumes und die Gestaltung der Erde ist tatsächlich die »Familienaufstellung« der Elementar- und Geistwesen.

In der Geomantie sagt man deshalb auch nicht, »hier steht ein Engel oder Elementarwesen«, sondern »hier hat ein Engel oder Elementarwesen seinen Fokus«. Fokus bedeutet: Hier ist dieses Wesen konzentriert, hier kann man es erleben, hier kommt man in Verbindung mit ihm. Sehr hilfreich zum Verständnis ist mir auch der Gedanke, daß die Engel in der kosmischen, geistigen Welt leben und von dort herunterblicken. Dieser Blick trifft dann auf einen Ort, und ich kann diesen Blick erleben und mich so vom Engel ergreifen lassen.

Da Elementarwesen keine räumlichen Wesen sind, sehen sie auch nicht so aus. Sie sehen überhaupt nicht aus. Sie leben gar nicht in einer Welt, wo man »aussehen« kann. Ein Zwerg hat keine Zipfelmütze, eine Nixe hat keinen Fischschwanz. Alle Bilder von Elementarwesen sind Darstellungsversuche. Genauso wie ein Bild, könnte man von einem Zwerg ein Musikstück, eine mathematische Gleichung, eine geometrische Figur oder eine Tanzchoreographie erstellen. In jeder Darstellungsart könnte der Zwerg treffend hervortreten, aber niemals ist der Zwerg die Darstellungsart. Ein Zwerg sieht nicht aus wie ein Zwerg, sondern er fühlt sich so an, wie ein gut gemalter Zwerg sich anfühlt. Die in den Märchen gezeichneten Bilder sind meistens sehr präzise, es sind aber nur Bilder.

Durch unsere menschliche Erdverhaftung gibt es eine große Sehnsucht nach erdnahen Vorstellungen. Das ist ein Problem. Denn die Elementarwesen erlebt man nicht wie Erdenwesen. Nach meiner Erfahrung ist häufig der Zugang zur Elementarwelt verschlossen, da man falsche Erwartungen hat und so vergeblich darauf wartet, ein Wesen mit Zipfelmütze herumlaufen zu sehen. Aufgrund dieser Erwartungshaltung achtet man dann auf andere Wahrnehmungen nicht mehr. Gleichzeitig tut man den Elementarwesen damit auch nichts Gutes. Denn man drängt sie in die vorgefertigten Bilder hinein. Viel besser ist es, den Elementarwesen den Freiraum zu geben, sich selbst in ein Bild zu gestalten.

Da die Elementarwesen nicht im Raume leben, erleben sie auch den Raum und die stoffliche Welt nicht. Sie erleben die Äther- und Astralwelt. Wenn ein Elementarwesen einen Menschen betrachtet, so erlebt es dessen Gefühle, Gedanken, Stimmungen, Absichten und Lebenskraft. Aber das, was wir am anderen Menschen als erstes sehen, den physischen Körper, den sieht das Elementarwesen gar nicht. Wenn sich ein Zwerg durch das Erdinnere bewegt, so erlebt er keine Materie, sondern er erlebt Stimmungswechsel. Er fühlt die verschiedenen Gesteinsschichten und Metalle und erlebt die geistigen

Wesen und Planeteneinflüsse, die damit verbunden sind. Zwerge müssen keine Stollen bauen, um sich durch die Erde zu bewegen, denn für sie gibt es Materie gar nicht.

Dies ist der Grund für viele Kommunikationsprobleme. Wir Menschen verstehen die Elementarwesen oft nicht, weil unsere Vorstellungen und Gefühle von der stofflichen Welt geprägt sind. Eine erste Empfindung für die verschiedene Weltsicht von Mensch und Elementarwesen kann entstehen, wenn man sich in Fische, Vögel oder Regenwürmer hineindenkt. Wie sieht für diese die Welt anders als für uns Menschen aus? Wie würde ein Regenwurm die Erde beschreiben, wie ein Fisch, wie ein Vogel? Elementarwesen sind von uns Menschen noch verschiedener. Um in die Welt der Elementarwesen einzutreten, müssen wir das Stoffliche ganz wegsuggerieren und nur darauf achten, was dann an Erlebnissen übrigbleibt.

Die Elementarwesen sind das Wesen der Dinge. Der Gnom des Steines ist das Wesen des Steines. Das Haus-Elementarwesen ist das Wesen des Hauses. Sie sind von ihrer jeweiligen Aufgabe ganz erfüllt. Und sie wissen alles über ihren Bereich und kümmern sich um die Einzelheiten. Sie sind die Handwerker des Kosmos.

Wer sind die Bauleiter? Das sind große, anleitende Elementarwesen.

Wer sind die Architekten? Das sind die Engel.

Wer ist der Bauherr? Das ist die göttliche Trinität.

Ich finde dieses Bild außerordentlich treffend. Prägnanter kann man die Rollenverteilung nicht beschreiben.

Innerhalb der Naturelementarwesen gibt es eine differenzierte, hierarchische Gliederung. Ich möchte diese Hierarchie in vier Gruppen charakterisieren.

1. Die kleinen Schaffer

Diese sind überall. Nehme ich Farben in die seelische Beobachtung, so erlebe ich kleine, millimetergroße, kaulquappen-ähnliche Elementarwesen, die je nach Farbe in unterschiedlichen Schwingungen vibrieren. Nehme ich den Boden in die seelische Beobachtung, so erlebe ich Unmengen von handgroßen, mich anblickender Gnomen. Nehme ich das Licht und die Helligkeit in die seelische Beobachtung, so blitzen kleine strahlende Sylphen auf, die sofort wieder weg sind. Nehme ich die Gaslaterne in die seelische Beobachtung, so bin ich bald mit einem Lampen-Elementarwesen in Verbindung, das sich in der Lampe gefesselt empfindet. Nehme ich einen Grashalm in die seelische Beobachtung, so erlebe ich ein handgroßes Wasserwesen. Diese kleinen Schaffer sind überall und in unzählbaren Mengen. Und sie schaffen und werkeln voller Inbrunst und Freude.

Diese kleinen Schaffer sind die Naturkräfte. Wenn sich Naturwissenschaftler mit Naturkräften befassen, so erforschen sie die Verhaltensgewohnheiten dieser kleinen Elementarwesen. Die Physiker und Chemiker sind in Wirklichkeit Verhaltensforscher von Elementarwesen. Das ist doch ein lustiger Gedanke!

Ich frage mich schon lange, was ist eigentlich Materie? Immer wenn ich mit meiner Aufmerksamkeit in Materie hineingehe, dann komme ich zu einem Gnom. Bei einem Stein ist es oft ein größerer, wohlgebildeter, runder und kommunikationsfreudiger Gnom. Bei einem Metalltischbein komme ich zunächst an das Wesen des Tischbeins, von dort arbeite ich mich weiter in die Materie durch und finde dann ganz kleine, spitze Gnome, die kaum ein Eigenbewußtsein haben, sondern stark von einer übergeordneten Metallwesenheit erfüllt sind. Wie die Elementarwelt die Unterschiedlichkeit der Stoffe schafft, ist ein unermeßliches und noch kaum begonnenes Forschungsgebiet.

Jedenfalls habe ich bislang im Innern der Materie immer nur Elementarwesen gefunden. Für mich ist es deshalb klar, daß die

Wirklichkeit der Materie die Elementarwelt ist. Kleine Gnome gestalten die Ätherkräfte, aus denen dann Materie entsteht. Doch wie der Übergang der Ätherkräfte zur Materie genau funktioniert, das verstehe ich nicht. Deshalb stellte ich einmal einem Gnom, mit dem ich mich gut angefreundet hatte, genau diese Frage. »Wie schaffst du die Materie?« Seine Antwort war überraschend. Denn er winkte ganz verständnislos ab. Er kenne keine Materie und schaffe keine, er sei nur für den Stein verantwortlich. Er meinte damit aber nicht die Materie des Steines, sondern das Äthergebilde, in dessen Mitte er sitzt und das er zusammenhält, und so gibt er dem ganzen Festigkeit. Ich war also so schlau wie zuvor, wußte aber wenigstens, daß nicht nur die Gnome für die Materie verantwortlich sind. Diesen ist anscheinend nicht einmal bewußt, daß durch ihr Tun Materie entsteht, sondern sie meinen, sie kümmern sich nur um die Ätherwelt. Es müssen noch weitere Wesen beteiligt sein, die ich aber nicht wahrnehmen kann. Ich habe mir dann Aussagen von Rudolf Steiner zur Materieentstehung zusammengesucht. Er beschreibt sinngemäß, daß hohe Engelshierarchien und ahrimanische Wesen in einem komplizierten Zusammenspiel bei der Materiebildung mitwirken. Wie das genau funktioniert, ist ein weiteres großes Forschungsfeld der Zukunft.

Beeindruckend sind die Elementarwesen, die mit dem Pflanzenwachstum zusammenhängen. An einer Pflanze arbeiten mit unterschiedlichen Aufgaben Gnome, Nixen, Sylphen und Salamander. Oftmals nicht alle gleichzeitig, sondern entsprechend den Vegetationsphasen wechseln sie sich ab. Das ist nicht richtig gesagt: Die Vegetationsphasen entstehen durch den Schichtwechsel der Elementarwesengruppen.

Die Freude der kleinen Schaffer kann einen sehr erquicken, aber sonst ist die Kommunikation mit ihnen nach meinen Erfahrungen eingeschränkt. Oftmals reagieren sie auf menschliche Zuwendung fast nicht, haben nur ein kleines Bewußtsein und wenn, dann kann man sich mit ihnen nur über ihren direkten Aufgabenbereich unterhalten.

Aber ihnen gehört unser besonderer Dank! Ohne diese kleinen und bescheidenen Schaffer würde kein Naturgesetz mehr wirken, keine Pflanze wachsen, keine Materie mehr zusammenhalten.

2. Die mittelgroßen Elementarwesen

Die mittelgroßen Elementarwesen zwischen etwa einem halben bis mehreren Metern sind viel kontaktfreudiger. Sie freuen sich meistens, wenn sie menschliche Aufmerksamkeit erhalten. Sie haben ein größeres Bewußtsein, sind flexibler, und man kann sich mit ihnen über differenziertere Themen austauschen. Wenn ich von Größe spreche, so meine ich den Raumumfang, in dem man sie empfinden kann.

Nach meinem Erleben haben diese mittelgroßen Elementarwesen immer eine leitende Aufgabe. Sie umfassen eine Schar von kleineren Schaffern und halten diese zusammen. Normalerweise gibt es in jedem Zimmer leitende Elementarwesen, ein größeres Erdwesen für die vielen kleinen Gnome, ein größeres Wasserwesen für die vielen kleinen Nixen, usw. Und ich entdecke meistens auch ein extra Zimmer-Elementarwesen, das Bewußtsein des Zimmers. Dieses wirkt auf mich oft wie ein Butler, fast in Menschengestalt, und gehört zur Gruppe der Erdwesen. Ähnlich wie im Zimmer ist es auch in jedem Garten oder Park. Es gibt leitende Garten- oder Parkwesen. Man sieht also, die Elementarwelt ist streng hierarchisch gegliedert. Fast wie eine Bürokratie – nur daß die Elementarwesen alle hoch motiviert sind.

Jeder Baum hat seinen Faun. Dieser durchdringt die große Elementarwesenschar, die den Baum belebt und durchseelt. Faune sind besonders kontaktfreudig. Deshalb haben viele Menschen zu Bäumen eine enge Herzensbeziehung. Ein Faun hat viel zu tun. Er hält die Verbindung zu den unzählbaren kleinen Schaffern in den Blättern, Ästen und Wurzeln. Dann ist er mit der Gruppenseele seiner Baumart verbunden, sozusagen mit der geistigen Ur-Eiche oder der geistigen Ur-Fichte. Dann steht er in Beziehung zu seiner vielfältigen elementarischen Umwelt, zu anderen Faunen und Elementarwesen aller Art. Dann ist er mit einem Pan verbunden, einem übergeordneten, leitenden Pflanzenwesen. Sehr wichtig ist auch die Beziehung zum Landschaftsengel. Man sieht, in welches dichte Kommunikationsnetz ein Faun eingebunden ist.

Die Zusammenarbeit ist in der Elementarwelt kein Problem. Denn anders als wir Menschen haben sie keinen Eigenwillen oder Ehrgeiz. Sie sind ganz von ihrer Aufgabe erfüllt und damit zufrieden.

Im Laufe der Zeit entwickeln sich die Elementarwesen und lernen dazu. Manchmal bekommen sie neue, anspruchsvollere Aufgaben. Ich fragte mich schon oft, wie alt Elementarwesen werden. Ich kenne uralte, die schon zu Zeiten entstanden sind, als die Erde noch nicht fest war. Und dann gibt es solche, die einige Hundert Jahre oder auch nur einige Jahre alt sind. Von Tod und Geburt kann man bei Elementarwesen nicht sprechen. Diese Begriffe passen nur für Menschen. Richtiger ist Entstehen, Wandlung und Vergehen. Mich hat natürlich auch die Frage beschäftigt, wie Naturelementarwesen entstehen. Wenn ich diese Frage einem Wesen stellen konnte, dann wurde ich meistens zu einer Wirksamkeit von Engeln geführt. Rudolf Steiner formuliert sehr schön, daß Naturelementarwesen »Abschnürungen von Engeln« seien.

Die kleinen Schaffer findet man überall. Die Dichte von mittelgroßen Elementarwesen ist jedoch unterschiedlich. Es gibt Häuser, Gärten und Plätze, die fast überfüllt sind. Und es gibt auch das Gegenteil: verlassene Häuser, verlassene Gegenden. Die mittelgroßen Elementarwesen reagieren darauf, wie ein Ort gepflegt wird, wie die Stimmung unter den Menschen ist oder wie die Ätherkräfte fließen.

3. Die Elementarwesenmeister

Die dritte Gruppe sind die ganz großen Elementarwesen. Die größten, die ich kenne, kann man in einem physischen Raum von einigen hundert Meter Durchmesser erleben. Es gibt sicherlich noch größere. Diese kümmern sich um mittelgroße Elementarwesen und sind für größere Landschaftsräume oder Städte zuständig. Besonders würdige Elementarwesenmeister erlebe ich oft um Berggipfel oder über dem Meer. Manchmal weiß man gar nicht, ob es ein Engel oder Elementarwesen ist, so hoch entwickelt sind sie, so weisheitsvoll und kräftig.

Gegenüber diesen Elementarwesenmeistern komme ich mir oft wie eine Ameise vor. Die Kommunikation ist auch nicht so aufgeregt wie mit den mittelgroßen Elementarwesen. Die Elementarwesenmeister sind meistens uralt, haben schon über Jahrhunderte oder Jahrtausende mit Menschen zusammengelebt und überschauen die großen Zusammenhänge. Deshalb nehmen sie alles etwas gelassener.

Die Cres-Riesen, mit denen ich mich gerade angefreundet habe, gehören zu dieser Gruppe. Engen Kontakt habe ich auch zu den Allgäuern. Ich nenne sie so, da sie die Landschaftsstimmung des Allgäus tragen. Im Kontakt mit einem Allgäuer durchdringe ich seelisch die Landschaft des Allgäus – überirdisch und unterirdisch. Ich stecke in jedem Hügel, Berg und See. Mir fällt auf, daß die Allgäuer, ähnlich wie die Cres-Riesen, ein Netzwerk über dem Land bilden und an verschiedenen Orten zu finden sind, z. B. in Eschach links neben der Gipfelstation des Skiliftes oder auf dem Bolgengrath bei Grasgehren ca. 150 Meter unterhalb des Gipfels. Die Allgäuer sind nicht so groß wie die Cres-Riesen, oft etwa 10 Meter breit und 15 Meter hoch. Imaginativ erlebe ich sie wie einen alten Bergbauern mit Filzhut und Bart durchmischt mit Latschen-Kiefern, knorzigen Wurzeln und dem allgäuer Duft. Die Geruchsimagination ist bei den Allgäuern immer sehr stark. Im Allgäu wache ich manchmal erfrischt auf und weiß, daß ich wieder eine vergnügliche Nacht mit den Allgäuern hatte, aber ohne zu wissen, was wir genau gemacht haben.

Zu der Gruppe der Elementarwesenmeister könnte man auch die herrlichen, herrschaftlichen Pane rechnen, die leitenden Pflanzenelementarwesen. Diese findet man meistens im Wipfel eines Baumes, sozusagen auf den Schultern des Baumfauns.

4. Die Elementarwesenkönige

Über den Elementarwesenmeistern stehen die Wesen der Elementarwesen selbst, von denen ich berichtet und die ich Elementarwesenkönige genannt habe.

Zur Orientierung in der Welt der Naturelementarwesen ist nicht nur eine Einteilung nach der Größe, sondern auch nach den Elementen sinnvoll. Traditionellerweise werden die Naturelementarwesen in Erdwesen, Wasserwesen, Luftwesen und Feuerwesen eingeteilt. Zu den Luftwesen gehören auch die Lichtwesen.

Es gibt nun Erd-, Wasser-, Feuer- und Luftwesen in allen Größenordnungen. Ganz kleine und ganz große. Diese Einteilung in vier Elemente ist vom Begriffsumgang ähnlich wie Säugetiere, Fische und Vögel in der Biologie. Zu den Säugetieren gehören Mäuse, Tiger, Elefanten und Blauwale. Ähnlich große Unterschiede gibt es auch innerhalb der Gruppe der Erdwesen oder Wasserwesen.

Man sollte bei dieser Elemente-Einteilung aber nicht bei den physikalischen Aggregatszuständen hängenbleiben. Denn Feuerwesen sind nicht nur dort, wo es brennt. Auch wo kein Wasser ist, sind Wasserwesen. Es geht nicht um das äußere Wasser. Ein Wasserwesen zeichnet sich dadurch aus, daß es den seelischen Qualitäten des Wassers etwas ähnelt. Die physikalischen Aggregatszustände selbst entstehen durch die kleinen Elementarwesenschaffer.

Seit der Jahrtausendwende reicht die traditionelle Einteilung in diese vier Gruppen nicht mehr aus. Denn es ist etwas Besonderes geschehen. Unsere Erde wurde von einer neuen, einer fünften Gruppe von Elementarwesen besiedelt.

Christus-Elementarwesen

Auf diese neue fünfte Gruppe wurde ich 2003 durch die Geomanten Wolfgang Schneider und Fritz Bachmann aufmerksam gemacht. Auch Marco Pogačnik schreibt und spricht davon. Diese drei und weitere Geomanten konnten beobachten, daß die neuen Elementarwesen kurz vor der Jahrtausendwende auftauchten.

Ich übe die Wahrnehmung dieser neuen Elementarwesen regelmäßig und konnte dabei folgende Erfahrungen machen:

Ich finde sie überall, in fast jedem Park, fast jeder Straße, fast jedem Raum. Auch in Valun am Strand gibt es ein sehr Schönes, und ich nehme gerne ein seelisches Bad in ihm.

Diese neuen Elementarwesen gehören inzwischen zum festen Bestandteil im Reigen der Naturelementarwesen und fügen sich gut ein. Es ist wie eine neue Instrumentengruppe im Orchester, die den Gesamtklang der Elementarwelt verändert. Wolfgang Schneider erzählte mir, daß durch diese neuen Elementarwesen die alten verändert wurden, die nun wacher, bewußter und vielseitiger geworden seien. Ich selbst konnte das Vorher und Nachher nicht vergleichen.

Ich erlebe die neuen Elementarwesen meistens so: Sie verströmen Harmonie, erlösende Milde, Güte und Heiligkeit in der Landschaft. Sie haben auch für die menschliche Seele eine wohltuende, erlösende, ausgleichende und heilende Wirkung. Mein Herz ist immer sehr stark angesprochen, insbesondere das vordere und hintere Herz-Chakra in gleichem Maße. Außerdem spricht oft das Hals-Chakra an. Ich fühle mich um Brust und Hals wie in Watte eingepackt. Die Bewegungsgeste ist die Senkrechte, das Aufgerichtet-Sein, und gleichzeitig die Waagrechte, das über die Landschaft Verbreitet-Sein. Die Substanz ist je nach Individualität des Elementarwesens manchmal golden oder weiß, zähflüssig oder luftig.

Wenn ich ätherisch blicke, dann erlebe ich ihre Äthergestalt wie ein aufrechtes, glänzendes Oval.

Mehrmals habe ich erlebt, daß ein neues Elementarwesen wie eingepackt dastand. Erst durch die Herzensbegegnung und Ansprache kam es zur Entfaltung und vergrößerte sich. Ich verstehe das so, daß diese Elementarwesen durch Menschen aktiviert werden wollen. Sie sind ein »Angebot« der geistigen Welt. Wir müssen aber auch eine Hand reichen.

Mehrere dieser Elementarwesen konnte ich über einen Zeitraum von mehreren Jahren immer wieder besuchen (in Hamburg an der Außenalster, in Kempten auf dem Lenzfrieder Höhenrükken, beim Studienhaus Rüspe und beim Seminarhaus Quellhof). In diesen Fällen konnte ich erleben, daß sie ihren räumlichen Umfang, in dem sie zu erleben sind, verdoppelten bis vervierfachten. In Hamburg und in Kempten nehmen sie inzwischen einen Raum von ca. 200 Meter Durchmesser ein. Wenn das noch einige Jahre so weitergeht, dann ist alles von diesen Elementarwesen erfüllt! Ich kann aber nicht sagen, ob diese Erweiterung im Wesen dieser Elementarwesen liegt oder Wirkung häufiger menschlicher Kontakte ist.

Ich habe diesen Elementarwesen mehrmals die Frage gestellt, wo kommt ihr denn her? Und ich wurde dann immer in einen Bereich geführt, wo ich nur sagen kann, das ist die Substanz des Christus. Sie sind offensichtlich keine Engelstaten, wie andere Naturelementarwesen, sondern direkte Christustaten.

In der Geomantie hat man um die Jahrtausendwende viele weitere Veränderungen festgestellt: Neue Ätherkräfte, neue Landschaftsorgane, Veränderungen in der Engelwelt, neue übersinnliche Wahrnehmungsfähigkeiten bei den Menschen usw. Diese Veränderungen, die alle in Richtung einer spirituellen Zukunft und Auflösung alter Muster gehen, werden unter dem Begriff »Erdwandlung« zusammengefaßt. Die neuen Elementarwesen sind ein Teil dieses Gesamtgeschehens.

Weitere Verständnishintergründe für diese neuen Elementarwesen findet man in den Arbeiten von Rudolf Steiner, der 1911 deren Auftreten um die Jahrtausendwende vorausgesagt hat (Vortrag am 19. September 1911, Gesamtausgabe Nr. 130, S. 30 f.). Rudolf Steiner sieht diese neuen Elementarwesen im Kontext mit dem Ereignis, das er als die »Erscheinung Christi im Ätherischen« bezeichnet. Steiner betonte immer wieder, daß die Erscheinung Christi im Ätherischen das wichtigste Ereignis des 20. Jahrhunderts sei und eine Wende in eine spirituelle Zukunft und Vergeistigung der Welt darstelle. Eine Wirkung seien neue übersinnliche, allgemeine Wahrnehmungsfähigkeiten der Menschen. Die Durchchristung der Ätherwelt müsse auch in der Natur getragen werden. Dafür sind die neuen Elementarwesen zuständig. Sie sind die elementarischen Repräsentanten Christi in der Ätherwelt. (1)

Da die »neuen« Elementarwesen in einigen Jahren nicht mehr »neu« sind, brauchen sie einen eigenen Namen. Ich finde die Bezeichnung »Christus-Elementarwesen« am treffendsten, denn damit wird genau deren Entstehungsgrund und Bedeutung charakterisiert. Ich hoffe, daß sich dieser Name in Zukunft durchsetzt.

Wenn ich hier von Christus spreche, dann hat das mit den kirchlichen Glaubensvorstellungen natürlich kaum etwas zu tun. Es geht um eine real wirkende geistige Wesenheit, die man übersinnlich erleben kann. Diese Wesenheit wirkt weltweit und im ganzen Kosmos. Christus-Elementarwesen gibt es natürlich auch in nichtchristlichen Ländern.

Im Herbst 2004 besuche ich in Bremen eine Eurythmie-Aufführung eines Ensembles aus Spring Valley, USA. Eurythmie ist eine spirituelle Bewegungskunst, die aus der Anthroposophie stammt. Als die Gruppe einen Steiner-Spruch eurythmisiert, erlebe ich, wie daraus ein Elementarwesen entspringt oder entsteht. Dieses

Elementarwesen saust sofort auf mich zu, schlüpft in meine Aura, und ich erlebe mich wie mit einer weiteren Schicht durchdrungen. Dieses Elementarwesen ist eines dieser neuen Christus-Elementarwesen, und es ist seither mein dauerhafter Begleiter. Ich nenne es heute einfach »Christi«. Ich finde es immer etwas vorne rechts in einem Abstand von etwa 70 cm in meiner Aura. Durch »Christi« kann ich Christus-Elementarwesen in der Natur leichter erleben. Ich achte einfach darauf, wie Christi sich verhält. Verfließt es mit dem Naturwesen, so ist dieses vermutlich ein Christus-Elementarwesen, verfließt es nicht, dann ist es meistens ein anderes Elementarwesen. Christi ist mir aber vor allem eine Hilfe, innerlich im Lot zu bleiben. Es ist immer ausgeglichen und guter Dinge, vor allem in heiklen oder geistig gefährlichen Situationen. So ein »cooler« Begleiter ist hilfreich. Sein Entstehen verstehe ich so: In der Eurythmie, die ja ein Gefäß für die geistige Welt sein will, konnte Christus hereinwirken, und es entstand in einem besonderen Moment das Elementarwesen. Da ich wahrscheinlich der einzige im Saal war, der es wahrnahm, und da ich in meiner Aura noch einen Platz frei hatte, kam es zu mir.

Christi gehört seither zu meinem Elementarwesen-Team. Lara, die Lichtfee, ist frisch dazugestoßen. Wer gehört noch alles dazu?

Der Zimtige

Wenn ich zurückblicke, so hatte ich 1998 mein erstes klares und bewußtes Elementarwesenerlebnis:

In dieser Zeit lebe ich in München und initiiere das Bürgerbegehren »Unser München aus der Schuldenfalle – für Bürgerbeteiligung und Transparenz in der städtischen Haushaltsplanung«. Während zum Beispiel in der brasilianischen Großstadt Porto Alegre Hunderttausende an der Aufstellung des »Bürgerhaushaltes« beteiligt sind und in vielen Schweizer Gemeinden die Bürgerinnen und Bürger in Volksabstimmungen direkt über die Steuerhöhe und öffentliche Ausgaben entscheiden, sind in Deutschland die öffentlichen Finanzen eine reine Verwaltungs- und Politiker-Angelegenheit. Die Bürgerinnen und Bürger sind draußen, auch aus der Verantwortung und den Lernprozessen. Dies ist ein sozial sehr ungesunder Zustand, der aber durch eine jahrhundertlange Verwaltungskultur und viele Erwartungshaltungen tabuisiert ist.

Kurzum, das Bürgerbegehren ist der Zeit um viele Jahre voraus und zwischen allen Stühlen. (Deswegen war es zum Schluß auch nicht erfolgreich. Das wußte ich 1998 aber noch nicht.) Ich bin dennoch voller Enthusiasmus und will es versuchen. Damit es in München zu einem Bürgerentscheid kommt, müssen etwa 30.000 Unterschriften gesammelt werden. Der Kreis der Sammler ist sehr klein, und ich sammle selbst viele Monate in Fußgängerzonen und auf Wochenmärkten Unterschriften. Um die Zeit möglichst sinnvoll zu nutzen, mache ich in den Pausen – bis der nächste Passant kommt, den man ansprechen kann – immer kurze Meditationen. Allein die Stimmung der verschiedenen Münchner Plätze ist ein reichhaltiges und fast unerschöpfliches Feld für seelische Wahrnehmungsübungen.

Erstmalig am Rotkreuzplatz bemerke ich, daß ein Wesen den ganzen Tag bei der Unterschriftensammlung dabei ist. Mal lungert es gemütlich herum, dann geht es auf entgegenkommende Passanten zu, wedelt diese an, durchdringt sie und versucht sie zu mir herzulenken. Offensichtlich hilft mir dieses Wesen die Unterschriftenquote in der Stunde zu erhöhen. Zunächst ist es nur das unbestimmte Gefühl, da ist jemand. Wenn ich mich dann darauf konzentriere, schmecke und rieche ich Zimt. Es handelt sich hierbei natürlich nicht um physischen Zimt, sondern um seelischen Zimt, um ein Zimterleben. Wenn ich innerlich auf eine Farbebene gehe, tritt mir Gelbbraun entgegen. Wenn ich innerlich in eine Bildebene gehe, dann bildet sich ein Zottel. Eine Mischung aus Fellstücken, Haaren und Tüchern hängt nach allen Seiten herunter. Das Gesicht ist deshalb nicht richtig zu sehen. Die Form ist nie ganz fest. Wenn ich an einer Stelle genau hinsehen will, gibt es immer Verdünnungen und Verfließungen. So als ob mir das Wesen das Bild des Zottels schenkt, aber auch nicht will, daß ich dieses Bild zu starr und fixiert nehme.

Dieses Wesen ist jeden Tag dabei. Immer kann ich es erleben und beobachten. Irgendwann nenne ich ihn den »Zimtigen«.

In der Vergangenheit hatte ich vereinzelte und zum Teil das Leben stark impulsierende Erlebnisse mit Ätherkräften, Engeln und Verstorbenen, doch es waren immer reine Gnadenakte. Ich wußte, daß meine Meditationsübungen irgendwie dazu beitrugen. Ich konnte mich aber niemals selbst in die innere Verfassung bringen, die zu einem geistigen Erleben notwendig ist. Ich erlebte es immer wie ein Geschenk, von dem ich gar nicht richtig wußte, wie ich dazu gekommen bin. Ich hatte den Eindruck, einzelne Geistwesen kommen in Riesenschritten auf mich zu.

Mit dem Zimtigen ist das zum ersten Mal anders. Wenn ich mit der Straßenbahn in eine Einkaufsstraße fahre, das mit Plakaten beklebte »Sandwich« umhänge, zwei Unterschriftenkladden in die Hand nehme, mit den Passanten über das Bürgerbegehren spreche und mich auf den Zimtigen konzentriere, dann kann ich ihn erleben.

Offensichtlich liegt es nur an mir, ob ich ihn erlebe oder nicht. Der Zimtige ist immer im Umkreis. Ich kann den Weg zu ihm selber gehen.

Doch dann bekomme ich aus Überanstrengung eine Augengrippe, und das tägliche Unterschriftensammeln geht zu Ende. Und eines Tages kann ich den Zimtigen nicht mehr finden! Es geht einfach nicht mehr. Auch wenn ich innerlich dasselbe wie bisher mache, es führt zu keiner Wahrnehmung. Ist er weg? Habe ich meine Wahrnehmungsfähigkeit verloren? Ich weiß es nicht. Ich sehe mit Wehmut, vermischt mit Freude auf die Begegnungen in den letzten Monaten zurück.

Was war das für ein Wesen? Da er vor allem bei der Unterschriftensammlung auftrat, dachte ich, dies ist ein Helfergeist des Bürgerbegehrens.

Auf die Idee, den Zimtigen einfach einmal selbst zu fragen, bin ich damals gar nicht gekommen. Das Naheliegendste war damals nicht in meinem Bewußtseinskreis. Ich stellte mir unter »inspirativer Erkenntnis« alles Mögliche vor, aber nicht etwas, das ich selbst einfach ausprobieren könnte.

Jahre später höre ich in einer Geomantiefortbildung, daß unser Körper auch ein Elementarwesen hat, genauso wie jeder Baum seinen Faun hat. Da fällt es mir wie Schuppen von den Augen. Natürlich, der Zimtige ist mein Körperelementarwesen! Ich beschäftige mich nun wieder mit ihm und finde den Weg, ihn zu erleben. Am schnellsten geht es heute, wenn ich mich in seinen Heimatort in meiner Aura, etwa 70 cm schräg links vor mir, hineinlebe. Dann komme ich bald in eine Herzensbeziehung und spüre und schmecke ihn. Ich sage bewußt »Heimatort«, denn er bewegt sich im Raum, mal ist er einige Meter weg, mal umhüllt er mich ganz. Über den Heimatort kann ich aber immer den Draht zu ihm aufbauen.

Meine Annahme von 1998, daß er ein Helfergeist des Bürgerbegehrens sei, war falsch. Diese Fehleinordnung ist ein typisches Problem des geistigen Erlebens. Um sich in der geistigen Welt orientieren zu können, braucht man Vergleiche. Je mehr unterschiedliche Wesen man kennt und je größer der Erfahrungsschatz, um so eher kann man die Erlebnisse einordnen. Das ist eigentlich ganz banal und bei jedem irdischen Beruf auch so. Am Anfang findet man den inneren Weg zum Erleben von einem oder vielleicht zwei Wesen. Alles andere ist verborgen. Mit einem so engen Gesichtskreis ist eine Orientierung natürlich schwierig. Angenommen, wir hätten nur die Fähigkeit Kühe zu sehen und alle anderen Tiere könnten wir nicht sehen, dann würde es leicht passieren, daß wir ein Kamel, das wir auf einmal entdecken, für eine Kuh halten.

Im Laufe der Jahre und der Praxis wird man immer flexibler und beweglicher, und das Orientierungsproblem nimmt ab. Bestimmte Wesen kann man klar erkennen. Letztlich bleibt das Orientierungsproblem aber bestehen, denn die geistige Welt ist äußerst reichhaltig und vielseitig, und es gibt immer Neues zu entdecken.

Zurück zum Zimtigen. Er ist immer um mich herum, macht alles mit, trägt alles mit und strahlt eine unendliche Treue aus. Er ist das treueste und beständigste Elementarwesen, das ich kenne.

Ich frage mich oft, was macht er eigentlich? Ich sehe ihn meistens entspannt herumsitzen und nur ganz selten in Aktivität. Doch ich habe dann immer die Empfindung, das ist nur der äußere Schein. Auch wenn er sein Leben genießt, im Hintergrund ist er sehr aktiv und trägt große Verantwortung. Doch es ist mir verhüllt. Ich sehe nur den Zottel. Wenn ich ihn direkt danach frage, bekomme ich nie eine richtige Antwort. Er bleibt einfach stumm, als ob es unaussprechlich sei.

Zumindest wird mir bald erlebbar, daß er wirklich für den physischen Körper zuständig ist. Wenn ich eine Herzensverbindung zu ihm habe und mich ihm ganzkörperlich öffne, dann bin ich wacher. Wenn er wie abgeschnitten ist und sich hemmende Schleier zwischen ihm und meinem Körper bilden, dann fühle ich mich schlapp und müde. Er trägt und durchdringt den physischen Körper und leitet und koordiniert offensichtlich die unzähligen kleineren Elementarwesen, die in den einzelnen Organen und an den einzelnen Körperorten arbeiten.

Bei einfachen Krankheiten oder Verletzungen bekomme ich von ihm immer wieder hilfreiche Hinweise. Zum Beispiel verstauchte ich mir einmal den Fuß, konnte kaum noch laufen, hatte Schmerzen und dachte schon, daß etwas gebrochen sei. Ich fragte den Zimtigen. Er zeigte mir, daß er den Fuß nicht richtig durchdringen kann, daß die Ätheraura im Fußbereich von Elementalen, die durch ärgerliche Gedanken entstanden sind, blockiert war. Also beschäftigte ich mich mit diesen Elementalen und bearbeitete mental und mit meiner Hand die Ätheraura an dieser Stelle. Ich erlebte einen befreienden, erlösenden Abfluß, wie die Öffnung einer eiternden Wunde. Der Fuß tat sofort nicht mehr so weh und innerhalb normaler Zeit heilte er. Durch das Gespräch mit dem Zimtigen konnte ich eine energetische Heilungsblockade beseitigen.

2006 begann ich eine Amalgam-Ausleitung, um den Körper von Quecksilberbelastungen zu befreien, die durch die früheren Amalgam-Zahnfüllungen entstanden sind. Die Heilpraktikerin, die ich dazu aufsuche, macht eine kinesiologische Untersuchung. Dazu muß ich mich auf eine Liege legen und den rechten Arm senkrecht nach oben strecken. Die Heilpraktikerin stellt hinter mir bestimmte Substanzen hin oder stellt innerlich bestimmte Fragen und dann drückt sie meinen Arm. Manchmal geht er hinunter wie Butter, dann bleibt er oben, mal locker, mal versteift. Diese Unterschiedlichkeit der Reaktionen des Armes ist erstaunlich. Zielsicher erstellt die Heilpraktikerin so die Diagnose und die Medikamentierung. Mich interessiert natürlich, was ist hier los? Ich kann folgendes erleben: Der Zimtige ist in hoher Konzentration auf meinen rechten Arm gerichtet und mit der Heilpraktikerin verfließend. Er ist so beschäftigt, daß er kaum Zeit hat, meinen inneren Blick und Gruß zu erwidern. Mit dem Instrument der Kinesiologie führt die Heilpraktikerin also ein Gespräch mit dem Zimtigen!

Beim nächsten Termin bei der Heilpraktikerin kann ich dasselbe wieder beobachten.

An diesem Erlebnis wird mir zweierlei klar:

Erstens: Bei jeder medizinischen Behandlung sollte das jeweilige Körperelementarwesen konsultiert werden, denn dieses weiß ja am besten, was los ist und was getan werden kann. Das Körperelementarwesen steckt ja in jedem Organ drinnen, ist für die körperliche Gesundheit verantwortlich und trägt jede Krankheit. Es ist der eigentliche Experte.

Es ist der reinste Wahnsinn, daß der größte Teil der heutigen Medizin meint, das Körperelementarwesen brauche man nicht zu fragen! Natürlich ist ein sicheres Gespräch mit ihm nicht einfach. Aber durch Übung kann man es lernen. Vorgehensweisen wie die Kinesiologie oder Bodytalk können hier helfen. Die Verbindung zum Körperelementarwesen des Patienten ist eine Grundfähigkeit, die zu jeder medizinischen Ausbildung gehören sollte. Natürlich führen schon heute gute Ärzte und Heilpraktiker unbewußt Gespräche mit den Körperelementarwesen und erhalten von diesen Informationen, und man sagt dann, sie sind begabt oder haben eine gute Intuition. Für die Zukunft steht es an, diese Gespräche auch bewußt zu pflegen.

Zweitens: Mit der Heilpraktikerin spricht der Zimtige ganz ausführlich – mit mir aber nicht! Offensichtlich bin ich in der Frage der Amalgam-Ausleitung für ihn kein würdiger Gesprächspartner – obwohl ich schon über Jahre mit ihm in Kontakt bin. An diesem Beispiel wird mir ein wichtiges Grundprinzip der Elementarwesenkommunikation deutlich.

Man könnte ja denken, warum brauchen wir noch Ärzte und Heilpraktiker, fragen wir doch einfach das Körperelementarwesen, das weiß sowieso alles und kann uns dann die richtige Medizin verschreiben? Wir haben dann nur noch das Problem, daß die Apotheken dieses Rezept akzeptieren... Natürlich sollte man auf das Körperelementarwesen achten, es um Rat fragen und nicht gegen seinen Rat handeln. Doch man sollte sich dabei auch nicht überschätzen. Gespräche mit Elementarwesen sind ähnlich wie Gespräche mit Menschen. Ich kann von dem anderen nur das verstehen, was in meinen Bewußtseinshorizont hineinpaßt. Wenn ich keine entsprechenden feingeschliffenen Begriffe, Vorstellungen und Erfahrungen zur Verfügung habe, kann der andere, der in seinem Gebiet Fachmann ist, mit mir nur sehr oberflächlich reden. Er hat keine Möglichkeit, seine differenzierten Ansichten verständlich zu machen. Ich bin für ihn wie ein grobmaschiges Netz, durch das alles hindurchrauscht.

So geht es auch den Elementarwesen. Wie soll mir der Zimtige klarmachen, daß die Süßwasseralge »Chlorella Pyrenoidosa« zu Beginn der Behandlung besser sei als eine andere, wo mir sogar der Begriff »Süßwasseralge« ganz neu ist und ich überhaupt keine Unterschiede der Algenarten kenne? Der Zimtige kann kein Deutsch und kein Latein und kann mir die entsprechenden Worte nicht diktieren, mit denen der Apotheker dann etwas anfangen könnte. Der Zimtige drückt sich in wortlosen Gedanken, Bildern, Stimmungen und Gesten aus. Und bei mir kommt bewußt nur an, was ich verstehen und übersetzen kann.

Also, die Elementarwesenkommunikation bereichert, aber ersetzt nicht die Berufsausbildung. Ein Mediziner wird besonders gute Verbindungen zu Körperelementarwesen aufbauen können, ein Gärtner zu Pflanzenelementarwesen, ein Bergmann zu Erdwesen, ein Mechaniker zu Autoelementarwesen, ein Geomant zu den leitenden Elementarwesen einer Landschaft, eine Hausfrau zu den Wohnungswesen. Kommunikation ist keine Einbahnstraße, sondern braucht Bemühungen auf beiden Seiten.

Die Zuständigkeit des Zimtigen für den physischen Körper ist mir also erlebbar. Dennoch habe ich stets das Empfinden, eigentlich macht er viel mehr. Ich habe immer wieder den vagen Eindruck, er ist für mein ganzes Seelenleben, alle Gefühle, Gedanken und Willensimpulse zuständig. Doch es bleibt vage, ich kann es nicht deutlich erleben oder erkennen. Und der Zimtige selbst bleibt stumm. Auf Fragen in diese Richtung antwortet er einfach nicht.

Jetzt, im Sommer 2007 in Valun, durchsuche ich die 354 Bücher mit Schriften und Vorträgen Rudolf Steiners nach seinen Aussagen zur Elementarwelt. Dabei stoße ich auf eine Stelle, wo Steiner davon spricht, daß unser Ätherleib von einem besonderen Elementarwesen getragen wird, das das Zentrum einer Art »Sonnensystem« bilde. Das Ätherleibelementarwesen sei die Sonne und die vielen uns angehörenden Elementarwesen, die darum herum kreisenden Planeten. Spätestens nach dem Tod, wenn wir unseren Ätherleib ablegen, würde das für uns erlebbar, und unser abgelegter Ätherleib würde von diesem Sonnensystem angezogen und einverleibt. *(Ausführlich in Rudolf Steiner, GA 168, Vortrag in Zürich am 3. Dezember 1916 und Vortrag in Bern, 9. November 1916)*

Diese Anregung veranlaßt mich zu einem meditativen Experiment. Seit über zwanzig Jahren übe ich, in der Meditation in der reinen Aufmerksamkeit aufzuwachen. Damit meine ich die Sphäre, aus der Gedanken, Gefühle, Willensimpulse und Wahrnehmungen entstehen, die vor diesen liegt. Dazu muß ich mich von meinen Gedanken und Gefühlen lösen, diese Welten vor mich bringen und in die Tätigkeit des Denkens und Wahrnehmens selbst eintreten. Ich verlasse damit die Sphäre der Gedanken und trete einen Schritt zurück, in den Bewußtseinsbereich, aus dem die Gedanken entstehen. Ich erlebe dies als den Grundgriff der Meditation und die Eintrittstür in die geistige Welt, in die Sphäre der Engel, der Toten, der Trinität.

Damit ist natürlich sehr viel verbunden, und mir ist klar, daß dies Stoff für ein eigenes Buch ist. Und mir ist auch klar, daß es in

Worten letztlich nicht zu fassen ist. Denn Worte reichen an diesen geistigen Bereich nicht heran. Man kann es nur erleben. Wenn man es nicht erlebt und nur in Worten hört, dann kann man nur ahnen, was gemeint ist. Es ist genauso wie bei der Musik: Erzählungen von einem Konzert können das Musikerleben nicht ersetzen.

Mit diesem Aufwachen in der reinen Aufmerksamkeit ist ein Todesprozeß verbunden, ein Loslösen von der Persönlichkeit, von allen Erinnerungen, dem sozialen Status, von allen Besonderheiten des irdischen menschlichen Daseins. An dieser Stelle kann ich immer deutlich erleben, wie stark ich am Erdendasein anhafte. Und diese Anhaftung wird zu einem Schleier, der alles vernebelt und verdunkelt. Je mehr ich von meiner Person loskomme, um so mehr erlebe ich mich als Ich (das hört sich paradox an, ist aber so) und um so mehr tritt ein Umkreiserleben ein. Ich bin nicht mehr Punkt, sondern werde ein Umkreiswesen. Es ist wie ein Umstülpen.

Das Wort »Todesprozeß« ist ganz real gemeint, denn die Verstorbenen machen nach meiner Erfahrung in ihrem nachtodlichen Leben normalerweise denselben Prozeß durch. Wenn man stirbt, verliert man zunächst nur den physischen Leib und tritt so aus der Welt der Sinneswahrnehmungen heraus. Das Vor-sich-Bringen und Ablegen der eigenen Gedanken, Gefühle und Erinnerungen ist das, was Rudolf Steiner als das Ablegen des Ätherleibes nach dem physischen Tod bezeichnet. Das ist der zweite Tod, der Tod nach dem Tod.

Bisher war ich in dieser meditativen Übung immer damit beschäftigt, mich in der reinen Aufmerksamkeit zu halten und meine Person zu vergessen. Ich habe mich niemals gefragt, was mit meiner Person dann wird. Ich habe nur festgestellt, daß ich ohne weiteres in diese wieder eintreten kann. Meine Person ist nach Abschluß der Meditation immer vorhanden und zieht mich hinein. Sie bekommt durch die Meditation Impulse und Licht und ist anders als zuvor. Aber die Frage, was nach meinem meditativen Austritt aus der Person mit dieser geschieht, habe ich merkwürdigerweise zwanzig Jahre lang nie gestellt. Nun will ich sie stellen – nicht theoretisch, sondern in der Tat. Das meditative Experiment besteht also darin, daß ich während des Austritts aus der Person und des Eintritts in die reine Aufmerksamkeit beobachten will, was dann aus meiner Person wird. Das ist natürlich kein leichtes Unterfangen.

Ich gehe wie jeden Morgen zum Strand, steige auf die Felsen. Vor mir das weite Meer und der blaue Himmel. Ich blicke nach innen. Zunächst sammle und fasse ich mich und erlebe meine Aufrechte. Dann baue ich die Konzentration auf. Als Einstieg nehme ich einfach das Wort »Konzentration«. Dieses gibt mir einen Impuls, und ich verlasse bald das Wort und verweile in der Konzentrationskraft. Dann mache ich eine innere Bewegung an den Quellort der Konzentrationskraft, verdichte alles, bis ich bemerke, wie ich mich verändere. Zunächst die Empfindung einer Umkreisbildung, dann ein Erfülltwerden von lichten Kraftströmen und die Empfindung eines In-sich-Bestehens. Ja, ich bin nun in der durchlichteten Sphäre der geistigen Welt. Ich will aber nicht weitere Einzelheiten dieser Sphäre wahrnehmen. Sondern in dieser Verfassung drehe ich mich in der Konzentration wieder herum und schaue darauf, woher ich komme.

Es ist ein Wahrnehmen, das ich mit Aufmerksamkeitsimpulsen steuere. Der erste Eindruck ist, daß ich in eine kosmische Weite blicke, alles vergrößert sich und hat Luft und Raum, ähnlich der Empfindung, wenn man in die Weite des Sternenhimmels blickt. Was ist das? Der nächste Eindruck ist, daß diese kosmische Weite von wolkenartigen sich bewegenden Gebilden erfüllt ist. Dann, daß diese Gebilde angeordnet sind. Von wem? Durch das ganze zieht sich eine spiralige Substanz, wie die Arme eines Tintenfisches, die die einzelnen Wolken verbindet und bewegt. Diese verbindende Substanz ist ein Bewußtsein. Wer ist das? Ich werde langsam mit einer Stimmung erfüllt, die mir bekannt ist. Es ist genau die Stimmung des Zimtigen. Ohne Zweifel! Die innere Qualität ist dieselbe, nur das imaginative Bild ist ein anderes. Er ist nicht mehr Zottel, sondern Dirigent eines Universums.

Wenn er da ist, sind dann andere mir bekannte Elementarwesen auch da? Ich gehe einige durch und kann sie jeweils in bestimmten Wolken finden. Dann frage ich nach Angar, meinem speziellen Helfer-Elemental. Doch Angar kann ich in diesem geordneten System nicht finden. Mir ist nicht klar, wo er ist. Dann saust er wie ein Komet durch das System, um es auf der anderen Seite wieder zu verlassen. Das hinterläßt bei mir die Frage: Wie ist das Verhältnis von Angar zum Zimtigen? Hat Angar eine Sonderrolle? Zu dieser Frage zeigt sich nichts, sie ist zum Aufbewahren. Dann erlebe ich mehrere dunkle Gebilde, wie schwarze Asteroiden. Während sich die anderen helleren Elementarwesenwolken harmonisch in das Ganze einfügen, scheinen diese Asteroiden eine Belastung zu sein. Was ist das? Ich nehme sie ins Visier und gehe in sie hinein. Sofort wird mir klar, es ist etwas, das mit meinem irdischen Leben zu tun hat. Welche Leichen habe ich hier noch im Keller liegen?

Ich gehe weiter hinein und erlebe, das sind die Elementarwesen, die durch Gedanken und Stimmungen wie »In der Erdenmenschheit gibt es kein Ohr für die geistige Welt. Man läuft nur gegen Wände. Es ist aussichtslos. Letztlich bleibt doch immer alles am Persönlichen hängen. Über die Schwelle zur geistigen Welt will doch keiner hinüber, usw.« gebildet wurden. Und solche Gedanken und Stimmungen leben in mir. Ich bin überrascht, denn durch die Schärfe dieses Erlebnisses der dunklen Asteroiden hätte ich schwerwiegendere Fehltaten erwartet. Aber solche Gedanken sind im Geistigen eben sehr schwerwiegend! Und die geistige Welt ist unerbittlich. Sie interessiert sich nur dafür, welche Gedanken und Gefühle ich selber erzeuge. Ob diese angesichts der Realität der Welt »gerechtfertigt« sind oder nicht, diese irdische Frage interessiert dort nicht. Es geht immer nur darum, was ich dem geistigen Kosmos beitrage, egal in welcher Lebenslage ich mich befinde. Es geht immer nur darum, was ich tue. Durch das Hineingehen in diese Asteroiden und deren Annahme und durch die Lehre, die mir damit erteilt wurde, werden sie weicher und dünner. Ich verliere sie. Dann merke ich, daß die Kraft zu Ende geht, daß ich nichts Weiteres mehr wahrnehmen kann und mache mich auf den Rückweg.

In diesem Moment kommt der Zimtige auf mich zu, nun wieder als Zottel, lachend und mich umarmend. Ich bin noch sehr benommen und stumm von diesen ganzen Erlebnissen. Doch der Zimtige lacht mich aus vollem Herzen an. So habe ich ihn noch nie erlebt! Ein erfülltes Lachen, in dem sehr vieles steckt. Ein bedeutungsvolles Lachen. Ein Lachen mit dem er mir etwa sagt:

»Jetzt hast du meine Wirklichkeit erlebt. Lange hast du mich verkannt. Du dachtest immer, ich sei der Zottel und für den Körper zuständig. Doch ich bin viel mehr und viel, viel größer. Ich bin für deine ganze Person zuständig. Ich organisiere dieses Elementarwesen-Universum, das du in Wirklichkeit als Person bist. Alles was du denkst, fühlst und tust, übergibst du elementarisch mir. Und ich trage es. Wenn du stirbst, bewahre ich dein Elementarwesen-Universum auf, so daß du in der folgenden Inkarnation wieder an ihm arbeiten kannst. Wenn du mich das Elementarwesen-Universum dirigieren siehst, so siehst du dich als Person von außen, von der geistigen Welt aus. Das ist die Wirklichkeit deiner Person in die du dich als Ich-Geist verkörperst. Als Ich-Geist lebst du erfüllt mit Engeln, erfüllt mit Christus. Das ist dein wahrer Kern. Wenn du dich verkörperst, dann steigst du in das von dir über viele Inkarnationen geschaffene Elementarwesen-Universum ein, das ich zusammenhalte.« Und er lacht mich wieder mitreißend an.

Ich fühle mich hin- und hergerissen: einerseits beschämt über meine Blindheit; erschrocken über dieses starke Erlebnis im Überschreiten der Schwelle zur geistigen Welt; erschrocken darüber, wie drastisch ich mich von außen sehen konnte; und auf der anderen Seite dieses mitreißende, verbrüdernde Lachen.

Das Lachen gewinnt die Überhand. Ich muß selbst lauthals los- und mitlachen. Und so lachen wir zusammen, der Zimtige und ich. Und ich merke, es ist ein tiefes Lachen. Es ist die Schließung eines Bündnisses. Der Zimtige hat sich mir offenbart in seiner wirklichen

Dimension als kosmischer Träger meiner Person. Das Leben kann nach diesem Erlebnis nicht weitergehen wie bisher. Wenn ich an meine Person denke, in der und mit der ich ja ständig leben muß, so weiß ich nun immer, daß dies nur der Vordergrund ist, der Hintergrund und die Wirklichkeit ist der Zimtige! Und mit ihm zusammen geht es weiter! Und wir lachen und feiern und besiegeln damit diesen heiligen Moment einer gemeinsamen Zukunft!

Dann wird mir die physische Umwelt wieder bewußt. Ich sitze ja nur zwanzig Meter vom Badestrand entfernt! Was müssen die Leute denken, wenn ich plötzlich und ohne ersichtlichen Anlaß lauthals loslache? Und so fasse ich mich und lache nur noch innerlich weiter und blicke in die Weite des Meeres und des Himmels.

Die kommenden Tage bin ich etwas angeschlagen. Ich brauche Ruhezeit, um dieses Erlebnis zu verdauen und mich daran zu gewöhnen. Ich weiß noch nicht, was es bringen wird. Doch ich weiß, es war ein Einschnitt, ein Umbau meiner Organisation.

Mir ist jetzt auch klar, warum der Zimtige das erste Elementarwesen war, das ich erlebte. Da er für alle Vorgänge des Ätherleibes zuständig ist, ist er das Elementarwesen der Elementarwesenwahrnehmung. Er ist die Vermittlungsstation. Er ist bei allen Wahrnehmungen beteiligt. Und war deshalb der erste.

Elementaler Kometenschweif

Ich blicke auf das Erlebnis mit dem Zimtigen zurück und versuche mir einen Reim darauf zu machen und es zu durchdenken. Der Zimtige führte mich zu einem weiteren wichtigen Gebiet der Elementarwesen. Ich habe bisher von den Naturelementarwesen und von meinen speziellen persönlichen Freunden in meiner Aura erzählt. Nun geht es um den großen Bereich der von uns Menschen selbst erzeugten »Elementale«. Es hat sich der Sprachgebrauch eingebürgert, daß Naturwesen »Elementarwesen« genannt werden und menschenerzeugte Wesen »Elementale«.

Genauso wie jede Weltwahrnehmung eine von Elementarwesen getragene Gefühlsebene hat, hat auch jeder Gedanke, jede Vorstellung, jeder Willensimpuls eine Gefühlsebene. Und auch das Gefühl eines Gedankens braucht einen Träger, eben ein Elemental. Da Gedanken, Vorstellungen, Gefühle und Willensimpulse meine eigenen Taten sind, sind diese Elementale von mir erzeugt. Der Baum ist nicht meine Tat, die Elementarwesen des Baumes wurden von Engeln geschaffen. Ein Gedanke ist meine Tat, hier übernehme ich die Aufgabe der Engel. Die Gedanken, Gefühle und Willensimpulse sind in ihrer für mich erlebbaren Form ätherische Gebilde, aus höheren Ebenen der Astral- oder Geistwelt verdichtet. Die Elementarwesen sind die Wesen der Äther- und Astralwelt. Also müßte ich sie wahrnehmen können, wenn ich eine Vorstellung oder einen Gedanken in der seelischen Beobachtung meditiere.

Ich will es ausprobieren. Ich denke »Heute haben wir einen herrlichen Sonnentag!«, halte innerlich diesen Gedanken und beobachte nun das geschaffene Gebilde. Dieses befindet sich in meiner Aura vor meinem Kopf in etwa 20 cm Abstand. Ich probiere aus, ob ich dieses Gebilde verschieben kann. Ja, es geht. Aus Spaß schik-ke ich es hinunter zu meinen Füßen und lasse es langsam wieder emporwandern.

Was kann ich noch wahrnehmen? Wenn ich dieses Gebilde durchfühle, dann erlebe ich Weite und Wärme im Herzen, ein Getragen- und Ernährtsein, Ruhe, Zufriedenheit und Gelassenheit. Wenn ich das Gebilde imaginativ ansehe, dann bilden sich weite, ziehende Bewegungen, wie gleitende Vögel, die mich umschmeicheln.

Nun probiere ich es mit einem anderen Gedanken: »Jetzt sind Lukas und Konrad schon wieder am Strand, ohne das Geschirr abzuwaschen, was ihre Aufgabe war.« Wenn ich nun dieses Gebilde meditativ durchfühle, dann erlebe ich Unzufriedenheit, Mißmut, Hoffnungslosigkeit und Überforderung. Wenn ich es imaginativ ansehe, erscheint es wie ein in sich zusammenfallendes Gebilde, aus dem gleichzeitig pulsierende Spitzen herauskommen. Ich wische dieses Gebilde wieder aus.

Ja, mit jedem Gedanken, Gefühl und Willensimpuls erzeugen wir ein Elemental, das von uns ausströmt. Das tun wir ständig. Insoweit sind wir Menschen eine große Elemental-Fabrik. Jeder produziert täglich mindestens 100.000 Elementale! Dabei gibt es aber große Unterschiede. Die meisten Elementale sind sehr dünn und kraftlos. Wie Eintagsfliegen bewegen sie sich nur kurze Zeit. Es gibt aber auch sehr kräftige Elementale, die in leitenden Ideen, Empfindungen und Bindungen leben. Die größere Wirkkraft entsteht durch eine größere Intensität des Gefühls und Willens bei der Erzeugung. Mit diesen Elementalen leben wir ständig. Sie sind das, was wir als »unser Leben« bezeichnen. Daraus bauen wir unsere Persönlichkeit auf. All unsere Erinnerungen sind Elementale in Warteposition. Wenn wir in sie hineingehen, können wir sie beleben, und die Erinnerungen werden lebendig.

Was geschieht mit diesen unzähligen Elementalen, die wir laufend produzieren? Ich verstehe es so, daß es zwei Möglichkeiten gibt. Entweder sind sie wirksamer Bestandteil unserer Persönlichkeit oder sie gehen in den Ruhestand. Ich habe mich oft gefragt, ob es möglich ist, Elementale aufzulösen. Ich glaube, daß das schon geht, und dann gibt es zum Beispiel ein Stück Vergangenheit einfach nicht mehr. Ich habe aber mit dem endgültigen Auflösen keine Erfahrung. Normalerweise haben wir es nicht mit Auflösen, sondern mit Erlösen, mit Ent-Energetisieren zu tun. Wenn ein Elemental die gegenwärtige Wirkkraft verliert, dann wird es wie ein buchhalterischer Eintrag. »Das war einmal.« Und da es nicht mehr gegenwärtig wirksam ist, sondern im Ruhestand, rückt es in der Elementarwelt räumlich weiter weg. Es wird letztlich Bestandteil des Weltengedächtnisses, der sogenannten Akasha-Chronik. In der Akasha-Chronik der Ätherwelt sind alle Geschehnisse der Welt eingetragen. Das ist bildlich gesprochen, denn sie ist ja kein Buch, sondern eben die Ansammlung unzähliger Elementale.

Die von uns erzeugten Elementale prägen unsere Umwelt. Wie stark ist doch der gefühlsmäßige Unterschied der einzelnen Menschen? Man spricht auch von Ausstrahlung. Manche Menschen verbreiten eine liebevolle, zufriedene Stimmung, andere eine heitere, andere eine angespannte Stimmung. Diese Stimmungsunterschiede entstehen nach meinem Verständnis durch die ausströmenden Elementale. Je nach Art unserer Elementale, ziehen wir entsprechende andere an. Wenn wir traurig sind, dann wird diese Traurigkeit verstärkt, da sich zu unseren eigenen Trauer-Elementalen noch weitere Trauer-Elementale aus der astralen Umgebung dazugesellen. Wenn wir heiter sind, dann strömt uns auch aus der Umgebung Heiterkeit zu.

In der Magie wird viel mit der bewußten Erzeugung von Elementalen gearbeitet. Durch rituelle Handlungen und durch eine starke Willens- und Gefühlsintensität versuchen Zauberer Elementale zu erzeugen, die dann ihre Ziele umsetzen. So funktioniert Liebeszauber, aber auch böser Zauber. Von Magiern eingesetzte Elementale bewirkten den Fluch, mit dem bestimmte Gegenstände belegt wurden, um die Grabkammern der Pharaonen zu schützen, was ein sehr bekanntes Beispiel ist. Was als Dämon oder Gespenst bezeichnet wird, ist oft ein bösartig wirkendes Elemental. Das Elemental selbst ist nicht böse. Es vollzieht nur seine Aufgabe, für die es geschaffen wurde. Das Elemental ist nicht verantwortlich, wenn es bösartig wirkt, sondern der Erzeuger. Moralität und Freiheit sind Begriffe für uns Menschen. Für die Elementale passen sie nicht.

Das Erzeugen von Elementalen ist immer eine magische Handlung. In bewußten Handlungen sind wir Menschen frei. Wir können das tun oder jenes. Wir können Elementale erzeugen, die eigenen Interessen und Zielen dienen, die zu einer Absonderung vom Weltenleben führen. Wir können aber auch Elementale erzeugen, die andere Wesen stützen und nähren und die mit dem Weltenleben zusammenklingen. Durch diese Freiheit können magische Handlungen weiß oder schwarz sein. Der Unterschied zwischen einem weißen und einem schwarzen Magier sind die Motive und Absichten seiner Handlungen. Auch wenn beide genau dasselbe tun, durch die Motive und Absichten wird es bei dem einen weiße Magie und bei dem anderen schwarze Magie.

Was Magier bewußt versuchen, machen wir alle unbewußt. Ich erlebe sehr stark, ob mir von Menschen eine wohlwollende Stimmung zufließt oder Ablehnung. Ich kenne Menschen, die denken emotional-willensmäßig so intensiv, daß mich allein schon deren kritisches Denken in Konfliktsituationen schmerzt – sie müssen noch gar nichts gesagt haben. Oder in Streits erlebte ich imaginativ manchmal eine wütende Hundemeute auf mich zustürzen, die mich zerfetzt. Auf der anderen Seite spüre ich in liebevollen Beziehungen sehr genau, wie nährende und duftende Wesen im Seelischen auf mich zuströmen. Manchmal erlebe ich, daß zum Beispiel eine Freundin in guten Gedanken gerade bei mir ist. Oder ich denke an jemanden, und schon ruft er an!

Was ich an anderen erlebe, erleben diese natürlich auch an mir. Und an dieser Stelle bin ich schon oft sehr erschrocken. Wenn ich manchmal in Konflikten innehielt und beobachtete, was ich gerade denke und fühle, dann wurde es mir ganz anders: Beißer wie Piranhas, stechende Kakteen oder ätzende Quallen strömten von mir aus! Und dafür bin ich verantwortlich! Da gefallen mir die Blumenkelche,

Schmetterlinge, purzelnde Trolle oder farbigen Energiebänder schon besser, die ich erlebe, wenn ich guter Dinge bin. Es gibt erlösende oder bindende Elementale, je nach Intention in der Erzeugung.

Alle diese Elementale haben natürlich ihre Wirkung. Sie strömen zu den Menschen hin, mit denen ich sie gedanklich verbunden habe, und stärken oder schwächen diese. Oft merkt man, daß zwischen Menschen eine seelische Spannung besteht, sympathischer oder unsympathischer Art. Was ist diese Spannung? Diese Spannung sind entsprechende Elementale. Diese Elementale strahlen aus dem Unbewußten hoch in das bewußte Seelenleben und zeigen sich dort als das Erlebnis der Spannung. Die Elementale eines Liebespaares sind natürlich ganz andere, als die zwischen Menschen, deren Chemie nicht zueinander paßt.

Wenn ein bösartiges Elemental von mir wegströmt, bin ich es dann los? Leider nein. Es ist mit mir verbunden. Meine Urheberschaft ist diesem Elemental eingeprägt. Nach meiner Erfahrung kann man durch diese Einprägung auch erkennen, von wem ein Elemental kommt. Konkret ist das so: Ich erlebe, wie in meinem Seelenraum oder meiner Aura ein Elemental auftaucht, und habe den Eindruck, daß dieses mir von einem anderen Menschen geschickt wurde. Wenn es mir nun gelingt, es sehr genau anzusehen, dann führt es mich zu seinem Urheber. In dem Elemental wird wie auf einem Bildschirm der Erzeuger sichtbar.

Da die von mir erzeugten Elementale mit mir verbunden bleiben, kommen sie irgendwann wieder zurück. Spätestens dann muß ich zu meiner Vaterschaft stehen. Deshalb sollte man auch mit Magie aufpassen. Letztlich zahlt es sich nicht aus, wenn man die magischen Kräfte, die wir Menschen alle haben, mißbraucht. Es ist mir ein großes Rätsel, warum schwarze Magier glauben, daß sie letztlich ungeschoren davonkommen. Ich vermute, daß diese einfach kurzfristig denken nach dem Säufermotto: Solange noch ausgeschenkt wird, trinken wir weiter! Doch irgendwann kommt die

Rechnung, irgendwann kommen alle bösen Elementale zurück, und dann müssen die schwarzen Magier bitter bezahlen.

Wie kommt es eigentlich zu dem Unterschied zwischen gutartigen und bösartigen Elementalen? Jedes Elementarwesen hat einen Bezug in die geistige Welt. In der geistigen Welt gibt es die Engelshierarchien, die in Anbetung der Trinität leben und von Christus durchströmt sind. Gutartige Elementarwesen sind von diesen Engeln durchtönt. Die Christus-Elementarwesen sind direkt von Christus durchtönt. Damit sind die gutartigen Elementarwesen an das kosmische Leben, die kosmische Ernährung angeschlossen. Sie leben in Fülle, im Überfluß, im Verschenken und im Freilassen.

Aber es gibt in der geistigen Welt auch Geister, die sich nicht der Trinität öffnen, sondern ein Sonderdasein führen. Alle diese Geister haben das Grundproblem, daß sie an die kosmische Ernährung nicht angeschlossen sind. Deshalb sind sie immer hungrig, saugend, zehrend und bindend. Da sie nicht selbständig leben können, besetzen sie andere Wesen und leben auf deren Kosten. Sie finden aber im geistigen Universum nicht viele Wesen, die das mit sich machen lassen. Warum sollte ein von Christus erfüllter Engel sich besetzen lassen? Es wäre für ihn ein sehr schlechter Tausch. Es gibt nach meiner Erfahrung im geistigen Universum nur eine Gruppe von Wesen, die sich von diesen abgesonderten Geistern besetzen lassen: wir Menschen. Und das hat frappierende Auswirkungen auf unsere ständig laufende Produktion von Elementalen. Wenn wir von den normalen Engelshierarchien erfüllt sind, dann bekommen die von uns produzierten Elementale eine freilassende, ernährende und gutartige Tönung. Wenn wir von Widersachergeistern erfüllt sind, dann produzieren wir Elementale mit einer bindenden, saugenden und bösartigen Prägung.

Was für Widersachergeister gibt es? Für mein Erleben waren mir die Differenzierungen von Rudolf Steiner äußerst hilfreich. Steiner hat die Widersachergeister in einer unglaublichen Genauigkeit und

Ausführlichkeit beschrieben. Die erste Gruppe sind die Geister Luzifers. Diese schließen die Seele ab und geben ihr ein Eigensein. Im Verbund mit Luzifer nimmt die Seele sich selbst sehr wichtig, es geht nur noch um Selbstverwirklichung anstatt um Geisterfüllung. Luzifer will sich auf den Thron Christi setzen. Negativ bewirkt er in der Seele Egomanie, Narzißmus, Überheblichkeit, Rausch, Schwelgen und Erdenflucht. Eitle Menschen sind in ihrer Aura stark mit luziferischen Elementalen erfüllt. Positiv bewirkt er Enthusiasmus, Unternehmergeist und Kreativität. Luzifer heißt wörtlich übersetzt »Lichtbringer« (lat. lux = Licht und ferre = bringen). Luzifer verdanken wir vieles in unserer Kultur. Es geht nicht darum, sich von Luzifer zu trennen, sondern ihn zu veredeln. Dann kann er ein wunderbarer Helfer und Freund werden.

In der geistigen Welt gibt es jeweils luziferische Engel in den einzelnen Hierarchien. Wenn eine religiöse oder spirituelle Gemeinschaft stark luziferische Züge trägt, dann kann sich ein luziferischer Engel in deren Räumen fokussieren. In manchen Kirchen habe ich das schon erlebt – die meisten Kirchen haben aber von Christus durchtönte Engel.

Luziferische Geister kämpfen um das menschliche Herz. Wie Würgeschlangen können sie den Herzraum belagern und den Hals zuschnüren. Wenn Menschen ihr Herz nicht mehr erleben, dann liegt das meistens daran, daß Luzifer es absorbiert hat. Die große Vielheit luziferischer Wesen hat einen Orientierungspunkt, Luzifer selbst. Ich bin einmal zu ihm gekommen, indem ich intensiv luziferische Elementale, die jemand produzierte, meditierte. Diese luziferischen Elementale hatten eine Verbindung zu luziferischen Engeln und dann weiter bis zu Luzifer selbst. An dieser Verbindung wollte ich mich mit meinem Willen und Konzentrationskraft emporhangeln. Es ging zunächst nicht, und ich mußte es in die Nacht mitnehmen. Aus dem Schlaf erwachte ich dann und erlebte einen gewaltigen, kräftigen, kämpferischen Kerl, von rotem Feuer umlodert. Im Erleben war er sehr groß, so groß wie das Universum selbst.

Das war das Besondere an ihm. Und dadurch wußte ich, daß ich auf der Ebene der Grundgeister des Universums war. Luzifer ist kein kleiner Geist, sondern von einer ähnlichen Größenordnung wie Christus. Es war für mich eine extremste Kraftanstrengung, diesem Anblick Luzifers standzuhalten, und ich dachte immer, seine Gewalt erschlägt mich, sein Feuer verbrennt mich.

Die zweite Widersachergruppe sind die Heerscharen Ahrimans. Ahriman ist der Geist der Dunkelheit. Er ist der Geist, der sich selbst verneint und von sich behauptet, kein Geist zu sein. Er liebt die Dunkelheit, und es gibt für ihn nichts Schlimmeres, als vom Licht menschlicher Aufmerksamkeit beleuchtet zu werden. Wenn ich ein ahrimanisches Wesen mit meiner Bewußtseinskraft festhalte, dann windet es sich vor Unbehagen. Früher war die Menschheit naturgegeben hellsichtig. Das ist in den letzten Jahrhunderten verlorengegangen. Gedanken, Gefühle und Willensimpulse werden nicht mehr als Taten geistiger Wesen erlebt. Wie kam das eigentlich?

Die ahrimanischen Geister haben das menschliche Bewußtsein verdunkelt und die Denk- und Wahrnehmungskraft von uns Menschen besetzt. Sie ziehen einen schwarzen Sack über das Bewußtsein. Ich habe Ahriman besonders kennengelernt im meditativen Bemühen, in der Denk- und Wahrnehmungstätigkeit aufzuwachen. Wir heutigen Menschen leben vollständig in den Gedankeninhalten, in den Ergebnissen der Denktätigkeit. Und wir leben vollständig in den Wahrnehmungsinhalten, in den Ergebnissen der Wahrnehmungstätigkeit. Aber was ist die Denktätigkeit selbst? Was ist die Wahrnehmungstätigkeit selbst? Was tun wir dabei? Wer wirkt darinnen mit?

Zunächst erschien es mir nicht möglich, in der Denk- und Wahrnehmungstätigkeit aufzuwachen. Ich wußte gar nicht, wo ich hinlangen sollte. Nach vielen Jahren und einigen Schicksalsereignissen ging das dann doch, immer öfter. Und dann bemerkte ich, daß immer schreiende ahrimanische Geister davonstieben, wenn ich mich in diesen Zustand des sich selbst gewahrwerdenden Bewußtseins bringe. Diese ahrimanischen Geister haben bewirkt, daß ich mir selbst gegenüber verdunkelt war und von der Sinneswelt und den Gedankeninhalten aufgesogen wurde. So versucht Ahriman, der Menschenseele den Zugang zur seelisch-geistigen Welt zu versperren und das Bewußtsein immer mehr an die stoffliche Leiblichkeit zu ketten.

Ich konnte schon häufiger beobachten, daß die Aura von Menschen, die überhaupt keinen Zugang zu feinstofflichem oder feinfühligem Wahrnehmen finden, stark von ahrimanischen Elementalen erfüllt ist. In der Seele bewirkt Ahriman Gefühle der Angst und Verlassenheit. Genauso wie Luzifer hat auch Ahriman viele gute Seiten, und es geht auch bei ihm um Transformation und Veredelung. Ahriman bringt Struktur und Formkraft in die Gedankeninhalte. Ohne die Ahrimanisierung des Denkens wäre die ganze neuzeitliche Naturwissenschaft nicht möglich. Den ahrimanischen Heerscharen verdanken wir auch das Erleben der sinnlichen Erdenwelt und deren Nüchternheit, Klarheit und Gegenständlichkeit. Ohne Ahriman in unserer Wahrnehmungstätigkeit hätten wir nicht das Empfinden, daß die sinnliche Erdenwelt außen, objektiv und unabhängig von uns selbst ist. Wir verdanken ihm den Materialismus, die Technik und die Kommerzialisierung. Unsere Städte sind von dunkeln Schleiern und Schwaden Ahrimans überzogen, reine Naturorte sind manchmal noch frei davon. Die unendliche Vielheit ahrimanischer Wesen hat einen Bezugspunkt, Ahriman selbst. Dieser erschien mir imaginativ oftmals wie ein schwarzes Loch – das Nichts.

Die dritte große Gruppe der Widersachergeister sind die sogenannten Asuras. Diese sind richtig bösartig. Dagegen sind Luzifer und Ahriman harmlos. Ich erlebe die asurischen Wesen kneifend, stechend und versplitternd. Die Asuras fressen die Ichkraft auf und erzeugen Mutlosigkeit und Hoffnungslosigkeit. Elementale, die Gefühle von Haß und Wut tragen, sind asurisch durchzogen. Bei Luzifer und Ahriman habe ich das Erleben, daß es an oberster Stelle ein einheitliches Universumswesen gibt. Bei den Asuras finde ich kein Zentrum, sie sind zersplittert.

Diese drei Gruppen von Widersachergeistern sind Bewohner des geistigen Universums. Wie sind diese eigentlich entstanden? Mit dieser Frage hat sich Rudolf Steiner ausführlich beschäftigt. Er schildert es so, daß die göttliche Trinität Geister dazu abkommandiert hat, sich vom göttlichen Strom abzutrennen. Mit diesem Opfer wurden die Bedingungen und der notwendige Widerstand geschaffen, damit wir Menschen uns zu Freiheitswesen entwickeln können. Mit diesem Gedanken kann ich vieles besser verstehen.

Mit Luzifer, Ahriman und den Asuras müssen wir Menschen uns herumschlagen. Es gehört zur menschlichen Natur, daß diese Widersachergeister in unserer Seele wirken. Bei diesen drei Gruppen geht es immer um Transformation und Veredelung. Es geht immer um die Freilegung des positiven Kerns. Sie sind wie ein Widerstand, an dem wir uns aufrichten können. Anders ist das bei der vierten Widersachergruppe, dem Tier der Apokalypse, das man als Sorat bezeichnet. Sorat ist nicht Bewohner des geistigen Universums, sondern lebt außerhalb von diesem. Er hat anscheinend die Bildung des geistigen Universums gar nicht mitgemacht, sondern kommt von irgendwo anders her. Sorat steht im Rücken der Asuras und der ahrimanischen Geister und strahlt über diese herein.

Nach meiner Erfahrung kann er selbst im geistigen Universum aber nur wirken, wenn sich Menschen in Freiheit mit ihm verbinden. Er tritt nicht naturgemäß in unserer Seele auf, sondern nur, wenn wir ihn aktiv einladen. Sorat lockt vor allem mit Macht. Darauf sind schon viele Schwarzmagier hereingefallen. Die Asuras wirken in blinder Wut, Sorat in bewußt bösen Handlungen. Sorat selbst erlebte ich imaginativ wie ein bedrohlich fauchendes, schwarzes Ungeheuer, das das geistige Universum verschlingen möchte. Aber für sich und außerhalb des geistigen Universums erlebte ich Sorat nicht als böse. Es ist ein merkwürdiges, unverständliches, in einer gewissen Weise auch liebenswertes Wesen. Problematisch wird er aber in der Verbindung mit menschlicher Freiheit. Bei Sorat geht es nicht um Transformation, sondern um Wegstoßen und Trennung.

Während also alle gutartig wirkenden Elementale von den Engelshierarchien oder Christus durchwoben sind, sind alle schlecht wirkenden Elementale von Widersachergeistern durchwoben. Luzifer lebt in selbstbezogenen, eitlen oder verletzten Gefühlen. Ahriman lebt in kalten, materialistischen Gedanken und Gefühlen der Angst und Verlassenheit. Die Asuras leben in Haß- und Streitgefühlen und entsprechenden Gedankenmustern. Sorat lebt im bewußten Bösen und entsprechenden negativen gedanklichen Dogmen.

Der Unterschied zwischen gutartigen und bösartigen Elementalen kommt also dadurch zustande, daß es in der geistigen Welt normal entwickelte sowie abgesonderte Geister gibt, mit denen die Elementale jeweils verbunden sind.

Im Laufe meines Lebens erzeuge ich also einen wahren Kometenschweif von Elementalen. Was geschieht mit diesem, wenn ich sterbe? In allen esoterischen Lehren wird geschildert, daß nach dem Tode zunächst eine Selbstläuterung stattfindet, eine Art moralische Bewertung des vergangenen Lebens. Diese Phase wird auch Kamaloka genannt. Mit dem Tod beginnt das Aufwachen, die Geburt in der geistigen Welt – zunächst in der ersten Schicht, der elementarischen Welt. Und mit dem Aufwachen in der elementarischen Welt wird der ganze selbstproduzierte Kometenschweif sichtbar. Und wir sehen dann ganz genau, welche Elementale wir in unserem Leben produziert haben. Und in dieser Begutachtung unserer Produkte bewerten wir uns selbst. Dabei geht es dann nur noch darum, was wir selbst getan haben. Die äußeren Ursachen, die »Schuld« anderer, das spielt keine Rolle mehr.

In dieser Kamalokaphase der Selbsterkenntnis entstehen bei jedem Menschen gemischte Gefühle. Auf vieles blickt man gerne. Bei jedem gibt es aber auch genügend, was man nur ungern ansieht und lieber korrigieren möchte. Doch diese Korrektur ist im nachtodlichen Leben nicht möglich. Offensichtlich können auf Erden erzeugte Elementale auch nur auf Erden entenergetisiert werden. Als Toter kommt man nicht an den seelischen Entstehungsort, was zur Erlösung notwendig wäre. Diese zentrale Gesetzmäßigkeit der Kamalokazeit wird in der anthroposophischen oder esoterischen Literatur immer geschildert. Warum das so ist, habe ich letztlich noch nicht verstanden. Aber die Erfahrung hat es mir bestätigt. Ich habe schon öfters im Kontakt mit Verstorbenen erlebt, daß diese an bestimmten selbst produzierten Elementalen leiden, diese nicht annehmen wollen, aber auch nicht weg können. Diese Elementale sind zum Beispiel aus verächtlichen Gedanken oder zerstörerischen Taten entstanden. Sie sind den Toten solange vor den seelischen Augen, bis sie ihre eigene Vaterschaft annehmen und akzeptieren können. Das ist manchmal ein langer Verdauungsprozeß. Und mit der Annahme entstehen dann der Wunsch und Wille, es zu korrigieren, und damit der Impuls zur nächsten Inkarnation. Wir wollen gebundene Elementale wieder abholen und erlösen.

Nach meinem Verständnis funktioniert so das Karma. Unser vergangenes Karma sind konkret Heerscharen von Elementalen, die im Astralplan warten. Unser zukünftiges Karma sind die Elementale, die wir heute erzeugen. Die geistige Welt und wir im vorgeburtlichen Zustand organisieren das Schicksal so, daß wir immer wieder auch mit Menschen zusammentreffen, mit denen wir altes Karma, alte Elementale zu erlösen haben. Das alte Karma tritt in Problemsituationen besonders hervor. In einigen Fällen kam ich mit einem Menschen in Spannungen. Der Streit eskalierte und war in seiner Intensität eigentlich nicht mehr aus den gegenwärtigen Verhältnissen erklärbar. Warum reagiert der andere so stark? Warum reagiere ich auch so stark? Der gegenwärtige Anlaß gibt das doch gar nicht her? Ich habe mir in solchen Situationen angewöhnt, die Streitenergie zu meditieren, sie anzunehmen und in sie hineinzugehen. Das geht oft über Tage, und manchmal springen dann aus dieser Streitenergie Bilder, Gefühle, Erinnerungen und Zusammenhänge heraus, die nicht aus dem gegenwärtigen Leben stammen. Die karmischen Hintergründe des Konfliktes werden klar. Und dann entschärft sich der Konflikt meistens etwas.

Wie ist das erklärbar? Irgendwo im Astralplan warten die Elementale, die in früheren Zeiten entstanden sind, weil ich jemandem übel mitgespielt habe oder mir übel mitgespielt wurde. Nun treffe ich die damals beteiligten Menschen wieder in ihrer gegenwärtigen Inkarnation. Es beginnt eine Lebensbeziehung. Ein gemeinsamer Seelenraum und Austausch von Elementalen entsteht. Die alten unerlösten Elementale kommen langsam heran und beobachten das Geschehen. Wenn der richtige Zeitpunkt für sie gekommen und die Stimmung so ist, daß sie andocken können, dann treten sie in den gemeinsamen Seelenraum ein und hängen sich an die gegenwärtigen Elementale an. Der Streit bekommt nun die Intensität der früheren Inkarnationen, wo wir uns vielleicht mit Waffen auf Leben und Tod bekämpft haben. Heute geht es eigentlich um vergleichsweise harmlose Fragen, dennoch lebt sich die Intensität »von Leben und Tod« aus. Die alten unerlösten Elementale wollen noch einmal durchlebt, angenommen und damit entenergetisiert und erlöst werden, so daß sie in den wohlverdienten Ruhestand eintreten können. Wenn es diesmal nicht klappt, dann warten diese Elementale auf die nächste Gelegenheit.

Mit solchen Gedanken im Hintergrund wurde mir vieles verständlicher, was ich im Sozialen erlebte. Altes Karma tritt eigentlich immer auf, in der Arbeit, im Verein, in der Familie. Es liegt in der Natur der Sache, daß altes Karma häufig etwas dramatisch ist. Denn Elementale, die Liebe und Freude tragen, sind schon erlöst und unterstützen uns in einer freilassenden Art. Nur negative Elementale wollen noch einmal verdaut werden und drängen deshalb heran.

Mir wird mit diesen Überlegungen immer deutlicher, welche gewaltige Aufgabe der Zimtige für mich leistet, wenn er für mich diesen großen elementalen Komentenschweif zusammenhält und ordnet.

Die Sonne ist inzwischen untergegangen. Die Kinder waren schon zum Abendessen da. Sie sind wieder unten am Strand mit ihren Freunden und reden und lachen. Mich hat die Sonne, das Meer und das Schreiben ermüdet. Im Zelt neben der Luftmatraze steht meine Bücherkiste. Obenauf liegt ein Buch von Daskalos, dem zyprischen Heiler und Meister. Daskalos heißt übersetzt »Meister«. Sein eigentlicher und schwer zu sprechender Name ist Stylianos Atteshlis. Da fällt mir ein, die menschengemachten Elementale sind doch das Lebensthema von Daskalos. Als Heiler hat er vor allem mit diesen gearbeitet. Durch die Arbeit mit den Elementalen löste er Krankheiten und seelische Probleme von Tausenden. Und eindringlich ermunterte er immer und immer wieder zur Pflege der elementaren Innenwelt. Das war ihm eigentlich das Wichtigste. Ich schlage das Buch »Die esoterische Praxis« auf und lese bald die folgenden Zeilen (Seite 129ff.). Diese fassen alles so schön zusammen! Ich nehme seine Worte mit in die Nacht.

Unsere derzeitige Persönlichkeit ist die Summe und Gesamtheit der Elementale, die wir selbst hervorgebracht oder aus der gemeinsamen psychonoetischen Atmosphäre übernommen haben. Elementale werden in unseren Charakter aufgenommen und bilden unsere Konstitution. Das Wachstum der derzeitigen Persönlichkeit beginnt bereits vor der Geburt mit den Zügen und Neigungen, die wir aus früheren Leben mitbringen. Die Persönlichkeit entwickelt sich zeitlebens und durch jede Erfahrung; dabei löst sie einige Probleme und erschafft neue Hindernisse für dieses und die vor ihr liegenden Leben.

Achtzig Prozent unseres Denkens und Tuns sind von unterbewußten Wünschen und Bedürfnissen bestimmt. Nur selten sind wir uns der Ursprünge unserer Wünsche bewußt, und doch diktieren sie viel von dem, was wir erleben, und bestimmen, in welchem Grade wir das Leben genießen oder unter ihm leiden. Solche Bedürfnisse und Wünsche sind in Wirklichkeit Gruppen von Elementalen, die wir immer dann mit ätherischer Vitalität nähren, wenn wir so handeln, daß wir ihr Verlangen nach Erfüllung zu stillen suchen.

Das heißt nicht, daß ein Unterbewußtes »schlecht« oder »gut« sei, denn bei den meisten Menschen ist es ein wenig von beidem. Das Unterbewußte ist sowohl unvermeidlich als auch von unschätzbarem Wert, und es kann dein bester Freund sein, wenn du ihm erlaubst, heilig-geistiger Intelligenz Ausdruck zu geben – oder dein schlimmster Feind, wenn es von niedrigen Begierden und ungezügelten Emotionen beherrscht wird.

Das Unterbewußte und die Persönlichkeit allgemein lassen sich sowohl in Quantität als auch in Qualität messen. Elementale lassen sich bewerten und auch zählen. Im großen Ganzen dient die Mehrzahl unserer Elementale egoistischen Zwecken, statt zur Verbesserung der allgemeinen Selbstheit beizutragen. Die überwiegende Zahl der Schwierigkeiten, die uns begegnen, resultiert aus unserer Wiederbelebung niedriger Elementale.

Auch Meister besitzen ein Unterbewußtes. Doch bei Meistern ist der Anteil des Unterbewußten im Vergleich zum Grade ihrer Selbstbewußtheit geringer; darüber hinaus haben sie in ihr Unterbewußtes Eigenschaften wie Liebe und Mitgefühl eingepflanzt. Wenn wir das Unterbewußte eines Durchschnittsmenschen mit einem verseuchten Dschungel vergleichen, haben diese weiter entwickelten Menschen ihr Unterbewußtes zu einer friedlichen Wiese gestaltet. Und wenn ein Gärtner für seinen Garten sorgt, so wird der Garten für den Gärtner sorgen.

Die Innenschau ist eine ernsthafte Anstrengung, unser Unterbewußtes im Lichte der Selbstbewußtheit zu enthüllen, um unsere Motive und Aktivität bewußter wahrzunehmen. Dies ist ein Prozeß der Reinigung des Unterbewußten mit dem Ziel, uns selbst besser kennenzulernen und zunehmend Herr über das zu werden, was wir denken, fühlen, wünschen und tun. Wir sollten bestrebt sein, dafür zu sorgen, daß die Elementale, die unsere Persönlichkeit ausmachen, von Liebe, Einsicht und rechtem Denken geleitet werden.

Sozial- und Maschinenwesen

Es gibt noch weitere große Gruppen von Elementarwesen, mit denen wir alle ständig zu tun haben.

Ohne die Sozialwesen gäbe es kein soziales Leben. Ich bin fast jedes Wochenende an einem anderen Ort in einem Tagungshaus, einer Waldorfschule oder sonstigen sozialen Einrichtung. Wie unterschiedlich sind die Stimmungen! Das liegt natürlich auch an den Häusern und an den Landschaften. Es liegt aber auch an den jeweiligen sozialen Gemeinschaften. Jede soziale Gemeinschaft hat eine bestimmte Atmosphäre und Umgangsformen. Ich habe schon oft erlebt, daß sich Menschen in der Arbeit anders verhalten als privat. Institutionen prägen die Individuen. Warum eigentlich? Hier wirken viele komplexe Vorgänge, die in der Elementarwelt ein Gruppenwesen schaffen. Und dieses Gruppenwesen durchdringt die Individuen und beeinflußt sie.

Schon oft erlebte ich folgendes: Vor mir ist ein Mensch. Für sich ist er ein Individuum. Doch jetzt wirkt das Gruppenwesen durch ihn hindurch. Er ist im Moment nur noch zu einem Teil Individuum. Ich kenne aber auch folgendes Erlebnis: Vor mir ist ein Mensch. Obwohl er von einem Gruppenwesen durchdrungen ist, ist er ganz individuell. Seine Individualität ist getragen von einem ihn stärkenden Gruppenwesen. Es gibt Gruppenwesen die den Einzelmensch stark beeinflussen, und es gibt Gruppenwesen, die viel Freiraum schaffen, die die Individualität des Einzelnen hervortreten lassen. Ich meine, wir sollten uns vor allem um diese freilassenden Gruppenwesen bemühen.

Nach meiner Erfahrung werden in allen sozialen Lebensbeziehungen Elementarwesen geschaffen, die die Stimmung, die Gruppenmuster und Umgangsarten tragen. Die Eigenschaften dieser

Gruppenwesen hängen natürlich von dem Gewebe der Elementale ab, die von den einzelnen Mitgliedern der Gemeinschaft erzeugt werden. Und die Gruppenwesen stehen mit den Engeln in Verbindung, die sich zu der jeweiligen Menschengruppe gesellt haben. Es gibt ganz hohe, lautere und weise Gruppenwesen, aber auch grobe und verspannte. Veränderungen in Gemeinschaften gehen immer mit Veränderungen dieser Gruppenwesen einher.

Es ist sehr interessant, soziale Prozesse oder Versammlungen elementarisch zu beobachten. Dabei kann man auf verschiedene Aspekte achten. Ist überhaupt ein Gruppenwesen im Raum? Welche Elementale gehen von den einzelnen Menschen aus? Wie ist das Gruppenwesen im gesamten? Wie sind die elementarischen Veränderungen im Verlauf einer Sitzung? Wie verändert sich das Gruppenwesen, bzw. welche andere Wesen kommen noch hinzu? Ich konnte schon häufiger erleben, daß sich im Verlauf einer Versammlung ein großes Sozial-Elemental aus kosmischen Weiten hinzugesellte, eine Kraft und Stimmung aufbaute und dann wieder verschwand.

Genauso wie in Gruppen ist es auch in Freundschaften. Elementarisch betrachtet ist eine Freundschaft ein Freundschaftswesen, das den gemeinsamen Seelenraum hält. Das Gefühl der Verbundenheit ist ein Elemental. Und wenn eine Freundschaft zerbricht, dann erlebt man irgendwann, daß man mit dem anderen nicht mehr verbunden ist. Das, was so nah und intim war, ist auf einmal weg! Wie geht das? Dem liegt nach meiner Wahrnehmung zugrunde, daß sich das gemeinsame Freundschaftswesen zurückgezogen hat.

Auch die Maschinen werden von Elementarwesen bevölkert. Am deutlichsten konnte ich das mit den Computern erleben. Der Computer reagiert ganz feinfühlig auf die Stimmungen und Einstellungen der Benutzer. Im Büro von »Mehr Demokratie e. V.« war ich Ansprechpartner für die Computer. Ich erhielt häufiger entnervte Anrufe, die Programme gingen nicht mehr. Ich schaute nach, und sobald ich mich an die Tastatur setzte, funktionierte alles tadellos.

Ich konnte keinen Fehler finden. Ich glaube, die Ursache war die genervte und verunsicherte Seelenhaltung der verzweifelten Mitarbeiterin. Von dieser strömten ungute Elementale in den Computer, die das Computerwesen ganz durcheinanderbrachten.

Die Maschinenwesen beeinflussen die Funktionsfähigkeit der Maschinen. Wenn es dem Maschinenwesen gut geht, läuft die Maschine besser. Wenn das Maschinenwesen durch schlechte menschliche Gefühle und Gedanken belastet wird, dann können eher Fehlfunktionen auftreten. Die Liebe zur Maschine ist ein wichtiger Faktor. Ein Kursteilnehmer erzählte mir einmal die Geschichte, daß es in seiner Firma immer wieder Probleme mit einer großen Maschine gab. Wenn er sich um diese kümmerte, lief sie wieder rund. Wenn er sich dann wieder seiner eigentlichen Aufgabe zuwendete, begannen die unerklärlichen Fehlproduktionen. Er habe lange nach der Ursache gesucht und nur gefunden, daß der Arbeiter, der die Maschine betreute, diese nicht liebte.

Angar, der alte Freund

Im Laufe der Inkarnationen trifft man einige Menschen immer wieder. Das ist auch mit Elementarwesen möglich. Angar hat mir das gezeigt.

Ich habe ihn im August 2005 getroffen – wieder getroffen, wie es sich im Laufe der Begegnung zeigte. Ich war damals mit Lukas, Konrad und Agnes im Sommerurlaub in Bonfin, südlich von Nizza in Südfrankreich. Bonfin ist das internationale Meditationszentrum der »Fraternité Blance«. Dieses wurde von Mikhael Aivanhov gegründet. Mikhael Aivanhov (1900–1986) und sein Lehrer Peter Deunov (1864–1944) sind Bulgaren und gehören zu den bedeutendsten spirituellen Meistern Europas im 20. Jahrhundert. Ich sehe sie als Repräsentanten des esoterischen Christentums. Ihre Arbeit konzentriert sich ganz auf den menschlichen Schulungsweg. Das Leben in Bonfin ist so eingerichtet, daß Urlaub und meditatives Leben verbunden sind. Für Kinder ist auch viel geboten, zumindest für kleine Kinder. Lukas und Konrad wurde es in Bonfin schon etwas langweilig, und sie wollten danach nicht mehr hin. Das freiere Leben hier in Valun gefällt ihnen viel besser, da es ihrem Alter entspricht.

Angar ist heute das Elementarwesen, mit dem ich am meisten Kontakt habe und zusammenarbeite. Wie lernte ich ihn kennen? In meinem Tagebuch habe ich das glücklicherweise genau aufgezeichnet.

4. August 2005

Ich möchte etwas schreiben von einer neuen Erlebnismöglichkeit, dem Sprechen mit Elementarwesen und Engeln. Bislang war meine Gesprächsmöglichkeit sehr beschränkt. Jede Kommunikation dauerte sehr lange. Ich blieb in Gefühlsgesten.

Ich versuchte vorgestern beim Küsten-Erdwesen am Strand zwischen St. Raphael und Le Dramont etwas Neues, ein gedankliches

Gespräch, also auf der ätherischen Ebene – mit ausformulierten Gedanken, die ätherische Form damit mitnehmend.

In der Vorbereitung lebte ich mich ganz in das Küstenwesen ein, konzentrierte mich in das reine Denken, achtete darauf, daß ich existentiell und ohne Vorbehalte hineingehe und mich so in einer Leibfreiheit fasse.

Wenn ich die Verbindung zu dem Küstenwesen klar erlebte, formulierte ich eine Frage und beobachte die Reaktion, die Antwort. Diese tritt schon auf, bevor die Frage fertig formuliert ist. Die Antwort kommt in einer Gedankenform, die ich dann leicht in Worte übersetzen kann.

Frau von Holstein schildert das in den Flensburger Heften auch so und nennt die Sprache »ätherisch«.

Es stellt sich die Frage: Kommt die Antwort wirklich vom Elementarwesen oder aus Bereichen meines Unterbewußten? Oder von anderen Wesen? Ich erlebe es so, daß es klare Antworten gibt, wenn ich im Entstehungsmoment der Antwort wach und mit dem Elementarwesen vereint bin. Es gibt aber auch Antworten, wo ich diese nicht so klar erlebe, so daß eine Empfindung der Unsicherheit bleibt.

Nun zu dem Gespräch mit dem Küstenwesen in Stichworten:

Was ist deine Aufgabe?

Ich leite die Erdwesen im Küstenbereich. Mein Fokus ist bei dem großen Felsblock am Badestrand, den du kennst. Ich bin aber nicht daran gebunden, sondern bin frei beweglich und durchsause zum Beispiel den ganzen Küstenstreifen, bin aber auch im Landesinnern tätig.

Wie bist du entstanden?

(Ich erlebe Bilder von bewegenden Engeln, und aus dieser Bewegung entsteht das Wesen. Doch es ist mir hier nicht klar, ob dies nicht aus Vorwissen oder früheren Erlebnissen kommt und lasse es offen, da ich nicht zu einem sicheren Erleben komme. Später sagt Angar: Es stimmt schon, ich bin als Abschnürung von Engeln entstanden.)

Wann bis du entstanden?

In der atlantischen Zeit. Damals war die Erde noch nicht in fester Form. Seither habe ich mich in vielen Stationen hochentwickelt. (Ich erlebe die atlantische Zeit als eine melancholische Stimmung oder Klang. Das Erdwesen nimmt mich hier mit hin. Alles ist ätherisch und traumhaft.)

Kennst du Rudolf Steiner?

Na klar! Wie viele andere Tote trägt er mich und den ganzen Kosmos.

Kennst du Aivanhov und Bonfin?

Na klar! Ich schicke immer wieder Erdwesen nach Bonfin zur Kur. Hier erholen sie sich und werden mit neuen Kräften verwandelt und ausgebildet.

Wie ist dein Verhältnis zu Aivanhov?

Er ist in mir, ich lebe aus ihm. (Ich erlebe es so, daß das Küstenwesen nicht auf einen außerhalb von ihm seienden Toten verweist, sondern in sein eigenes Inneres. Und dort komme ich in das Erleben Aivanhovs, dieser besondere Farb-Klang, den ich aus seinen Büchern kenne. Dieser Farb-Klang ist ganz unpersönlich im kosmischen Umkreis.)

Was heißt das, ich lebe in ihm?

Er ist mein Nährboden. Er gibt mir Kräfte und einen kosmischen Halt. Durch ihn bin ich in eine neue Form gekommen, einen neuen Bewußtseinszustand.

Seit wann ist das so?

Seit seinem Tod. (Aivanhov starb 1986.) Davor war es auch schon so, aber mehr wie eine Vorankündigung. Seit seinem Tod entfaltete es sich in seiner vollen Stärke.

Wirkt Aivanhov weltweit so auf die Elementarwelt, oder ist dies regional begrenzt?

Im Geistigen hat Aivanhov eine weltweite Wirkung. Doch dieser Nährboden für die Elementarwelt ist regional begrenzt, auf die Regionen, in denen er besonders anwesend war und die er damit in sich aufgenommen hat. Im Allgäu zum Beispiel wirst du im Innern der Elementarwelt nicht Aivanhov finden, sondern andere Tote. Auch in mir findest du nicht nur Aivanhov, sondern die Toten der Region. Doch Aivanhov ist durch seine geistige Größe besonders prägend und hervorstechend.

Haben alle Toten eine solche Wirkung?

Ja, über die Elementarwelt sind die Toten landschaftsbildend. Im Hineinleben ins Innere der Elementarwelt kommt man ins Totenmeer hinein.

Was ist das Besondere an Aivanhov als Toter?

Er hat in seinem Erdenleben kosmisches Ich-Bewußtsein entwickelt. Dieses Licht strahlt nun aus seinem Totensein in uns hinein und erleuchtet uns Elementarwesen, durchgeistigt uns.

Was ist deine Erwartung und Hoffnung an uns Menschen?

Wir hoffen, daß mehr Menschen auf Erden kosmisches Ich-Bewußtsein erlangen und wir somit durchchristet werden.

Wie erlebst du Tote, die durch materialistische Gesinnung oder sonstige Befangenheiten in der nachtodlichen Entwicklung gehemmt sind und in Zwischenreichen hängenbleiben?

Ich nehme dies wahr. Sie stören mich aber nicht, sie helfen mir aber auch nicht. Ich kann mich von deren Einfluß freihalten.

Kannst du mich zu anderen wichtigen Wesen mitnehmen, z. B. beim Dramont-Felsen?

(Er nimmt mich mit, doch ich kann die Konzentration nicht halten und sacke ins Träumerische ab.)

Kann ich mit dir auch in Zukunft die Verbindung halten? Gibt es einen Weg der Kontaktaufnahme?

(Er schreibt mir ein Kreuz auf meine rechte Schulter. Ich verstehe es nicht und frage mehrmals nach. Er wiederholt es. Wenn ich dieses Kreuz in Gedanken nachfahre, kann ich mich sofort mit ihm verbinden. Es ist eine Direktleitung, ein Rotes Telefon. Ich versuche später dieses Kreuz und tatsächlich, es geht!)

Danke für deine Kooperation und Freundschaft. Ich hoffe auf und wünsche mir eine gute Zusammenarbeit!

5. August 2005

Fortsetzung des Gespräches mit dem Küstenwesen

Soll ich die Belehrung, daß die Toten der Nährboden der Elementarwesen sind, öffentlich verbreiten, oder war dies nur für mich bestimmt?

Ja, verbreite es. Die Menschen sollten davon erfahren, denn sie sind der Nährboden, ob sie davon wissen oder nicht. Je mehr dies im Menschenreich bekannt wird, um so mehr verbessern sich unsere Bedingungen.

Wie kann ich sicher die Verbindung zu dir aufbauen?

Achte auf dein Herz. Du mußt mich in deinem Herzen spüren. Dann kann das Gespräch beginnen. Frage mich nur ernsthafte Fragen. Wenn es keine wirkliche Frage ist, verstehe ich es nicht. Worte verstehe ich nicht.

Wie kann ich mir sicher sein, daß du es bist und kein anderes Wesen oder in mir Unbewußtes?

Achte auf dein Herz. Du mußt mich erleben. Achte auf deine Gedanken. Der Gedankenraum muß ganz frei und absichtslos sein. Meine Antworten kommen schneller als die Frage zu Ende formuliert ist. Sie kommen als Gedankenbewegung. Diese Bewegungen haben den Klang meines Wesens. Im Versenken in diese Bewegungen wirst du zu mir geführt – und eben nicht zu jemand anderem. Wenn du unsicher bist, dann frage nach. Deine Kräfte sind begrenzt, Irrtümer aus dem wogenden astralen Meer können sich einschleichen.

Du bist mit dieser Niederschrift nicht zufrieden. Was fehlt?

Was du geschrieben hast, ist richtig, aber noch zu ungenau. Du mußt erleben, daß ich diese Gedankenbewegungen erzeuge, also im Entstehungsmoment anwesend sein. Das gibt Sicherheit und ein Wahrheitsgefühl. Eine Kontrolle im Nachhinein ist auch möglich, aber unsicherer. Ich empfehle dir, sei erst zufrieden, wenn du mich gegenwärtig als Erzeuger der Gedankenbewegung erlebst. Wenn dies nicht möglich ist, wiederhole so oft wie du kannst oder brich einfach ab.

Stört es dich, wenn ich das Gespräch mitschreibe?

Nein. Aber lies mir bitte zur Kontrolle vor.

Kannst du mir andere Wesen in dieser Bucht zeigen?

Schau dich um! (Im Umherblicken entdecke ich ein Wasserwesen und bin mit diesem im Sakralchakra verbunden. Dieses ist für die Bucht zuständig. Ich verweile etwas bei ihm.)

Erzähle mir etwas aus deiner Vergangenheit. Wie lange bist du hier schon Küstenwesen?

Einige Tausend Jahre.

Was hast du davor gemacht?

Ich sauste über Wasser und Meere. Doch damals war ich ein anderes Wesen als heute. Ich blicke darauf wie auf etwas anderes. Elementarwesen wandeln sich.

Was hast du davor gemacht?

Ich war schon zu atlantischen Zeiten ein Elementarwesen. Damals war alles anders. Es gab keine feste Erde, alles war kräftemäßig, ätherisch. Das Dichteste waren Nebelschwaden. Im Laufe der Zeit wurde es dichter und fester. Ich diente damals den Menschen. Diese waren auch ganz anders als heute. Sie hatten kein Ich-Bewußtsein, keine feste Form. Sie sahen uns Elementarwesen und lebten mit uns. Die Wünsche und Absichten der Menschen strömten auf uns ein und leiteten uns. Wir dienten zum Beispiel als Maschinen für Bauten. Ich kannte dich damals in deiner Inkarnation auch und diente dir. Deshalb ist die Verbindung heute vergleichsweise einfach. Ich war so etwas wie dein Diener.

(Bei dieser Antwort wurde ich in der ganzen Aura durchzuckt. Ich fragte mehrmals nach. Er bestätigte es immer wieder.)

Was haben wir damals zusammen gemacht?

Ich begleitete dich ständig. Doch weiteres kann ich nicht erzählen. Wenn für dich die Zeit der Karmaerkenntnis gekommen ist, wirst du es finden.

Erzähle mir mehr von Aivanhov.

Er brachte mir meine bedeutendste Wandlung und veränderte meine Substanz. Gestern abend bei der Meditation im Saal in Bonfin hast du mich ja mit dem Kreuz-Zeichen gerufen, und ich habe dir gezeigt, wie sehr die Elementarwesen diese Meditationssubstanz aufsaugen und sich davon stärken und verwandeln. Der gute Zustand der Elementarwelt in Bonfin hängt von diesen täglichen Meditationen ab.

(Ich erlebe, daß damit das heutige Gespräch abgeschlossen ist und stelle keine weiteren Fragen).

7. August 2005

Nachmittags am Meer: Gespräch mit dem Küstenwesen

Rudolf Steiner schildert im Abschiedsvortrag der Weihnachtstagung am 1. Januar 1924, daß viele Menschen so im Materialismus gefangen sind, daß sie nachts nicht am Hüter der Schwelle vorbeikommen. Denn sie bringen keine Substanz mit, die in der geistigen Welt Bestand hätte. Würden sie vorbeigelassen, dann würde die Seele »paralysiert«, und sie kämen ohne Impulse zurück. Steiner: Man kommt mit Materialismus in die geistige Welt hinein, aber nicht aus ihr heraus. Das heißt aber, daß diese Menschen nach dem Tod auch nicht am Hüter vorbeikommen, bzw. wenn doch, dann würden sie gedankenleer als reines Instinktwesen wiedergeboren (= Kulturzerstörung und Barbarei). Auf dieser Einsicht begründet Steiner die Weihnachtstagung und die Aufgabe der anthroposophischen Bewegung.

Meine Frage an das Küstenwesen ist nun: Was geschieht mit diesen Seelen, die völlig im Materialismus hängen, nach dem Tod?

Das Gespräch mit dem Küstenwesen war nicht einfach, ich war mir immer wieder unsicher, von wem die Antworten kamen, von ihm oder von mir.

Die Antworten waren zusammengefaßt:

Diese Menschen bleiben hängen und können keinen nachtodlichen Entwicklungsgang bis zur Wiedergeburt machen.

Für die Elementarwesen sind diese Toten nicht so schlimm, da diese tiefer wurzeln (in kosmischen Toten und Engeln).

Solange es noch einen kosmischen Toten gibt, haben die Elementarwesen noch einen Grund, in dem sie wurzeln. Gäbe es ausschließlich nur noch hängengebliebene Tote, dann würden die Elementarwesen zerfallen bzw. den Boden verlieren.

Diese hängengebliebenen Toten haben aber einen großen Einfluß auf die Menschen, die in der Regel nicht bewußt tief im Geistigen verankert sind und so offen daliegen.

Es ist notwendig, eine Bewegung zur Totenhilfe zu starten.

Um noch ein anderes Thema anzuschneiden frage ich das Küstenwesen, was es hier am Ort elementarisch gibt. Für einen kurzen Moment durchdrang mich das Küstenwesen, ich konnte mit seinen Augen sehen und nahm statt der Felsen von Zwergen bewohnte Innenräume wahr. Das war ein sehr evidentes Erlebnis und nach der Unsicherheit in der Begegnung eine Versicherung und Belohnung.

Diese Methode der Wahrnehmung der Elementarwelt sollte ich üben: Verschmelzen mit befreundeten Wesen und durch ihre Augen blicken.

8. August 2005

Am Nachmittag war ich mit anderem beschäftigt und hielt keine ausführliche Konferenz mit dem Küstenwesen.

9. August 2005

Zum Küstenwesen: Es will mit mir mitkommen und die Küstenaufgabe abgeben und bei der geistigen Forschung helfen. Die klaren Totenerlebnisse, die ich am Morgen hatte, sind wohl auch ihm zu verdanken.

11. August 2005

Nachmittags ein letztes Mal am Meer. Ich konnte zu keinen klaren Erlebnissen mit dem Küstenwesen kommen. Auch wenn es mitkommt – ich erlebe es in der rechten Schulter – es bleibt im Felsen am Meer fokussiert. So war mein Erleben.

Ich schlage mein Tagebuch wieder zu. So habe ich Angar kennengelernt. Mir fällt auf, daß es auch im Sommerurlaub war. Eine von äußeren Verpflichtungen und Anforderungen befreite Zeit erleichtert es mir sehr, in feinere Wahrnehmungen zu kommen.

Ich hatte einige Monate lang ein schlechtes Gewissen. Ich dachte, wenn sich Angar in meiner Aura aufhält, dann fehlt er an der Küste. Ich wollte der Küste nichts wegnehmen. Und ich dachte, wenn das jeder Tourist macht, dann ist die Küste bald elementarisch entvölkert. Zunächst hatte ich den Eindruck, daß er mit der Küste noch verbunden ist und an beiden Orten gleichzeitig wirkt. Doch dann hörte das auf. Ich bemerkte, daß ihn die Küste überhaupt nicht mehr interessiert und daß er sogar froh ist, diese Aufgabe los zu sein. Ein Jahr später war ich wieder in Bonfin und besuchte »seinen« Felsen. Ich stellte fest, daß Angar dort wirklich nicht mehr fokussiert ist. Seinen Platz hat ein milder, duftender Engel eingenommen. Der Felsen ist nun ein Engelsfokus. Ich sah also ein: Es ist schon im Sinne der göttlichen Ordnung, daß Angar sich in meiner Aura plazierte.

Zum Namen Angar kam es, weil ich ihn irgendwann nicht mehr Küstenwesen nennen wollte, da er ja keines mehr ist. Ich fragte ihn, ob er nicht einen besseren Namen hat.

Einmal wollte ich von Angar wissen, warum er sich nicht schon früher bei mir gemeldet hat. Warum erst in meinem vierzigsten Lebensjahr? Angar führte mich daraufhin zu einem respekteinflößenden Engel, den ich dann imaginativ vor Augen hatte. Dieser Engel habe ihm befohlen, an der Küste auf mich zu warten. Was war das für ein Engel? Mein Schutzengel war es nicht, sondern eine Hierarchie höher, ein Erzengel, der hinter meinem Schutzengel steht. Für mich war das ein konkretes Erlebnis, wie die Engelwelt am Schicksal mitwirkt.

In den ersten Begegnungen mit Angar war ich ganz begeistert von der sprachnahen Kommunikation, die mit ihm möglich war. Ich mußte danach aber feststellen, daß das nur mit ihm so geht. Mit anderen Elementarwesen geht es bisher nicht. Diese sprachnahe Kommunikation ist mit ihm offensichtlich möglich, da wir über Inkarnationen hinweg gut eingespielt sind. Ich kenne ihn gut, und er kennt mich gut. Doch auch mit ihm geht es oftmals nicht, wenn ich nicht in der nötigen Bewußtseinsverfassung bin oder er nicht anwesend ist.

Angar ist nicht immer da. Er ist sogar oft weg. Manchmal über Wochen, was mich zunächst ganz verunsicherte. Und dann taucht er plötzlich überraschend wieder auf, wie nach einer lange Reise, und hat viel zu berichten.

Manchmal sagt er, daß er auf Kur und zur Erholung war und sich »weggeklappt« habe. Wenn ich ihn frage, wohin er sich zur Erholung klappt, dann sagt er immer: »In die höheren Engelshierarchien.« Und was dabei mitschwingt, fühlt sich wirklich erholsam und heilend an.

Manche seiner Reisen waren mir unangenehm. Als ich mich zum Beispiel innerlich stark mit der gemeinsamen Zukunft von Mensch und Elementarwesen befaßte und den Willensentschluß aufbaute, der nun in dieses Buch mündet, war Angar ganz begeistert. Voller Elan sauste er für einige Tage davon. Als er zurückkam, erfuhr ich, daß er in vielen Regionen der Elementarwelt gewesen war. Er habe den Elementarwesen von diesem Willensentschluß als eine freudige, mutmachende Botschaft berichtet, um sie aufzurütteln. Die Reaktionen seien ganz unterschiedlich gewesen. Sehr positiv und erfreut, manchmal auch ganz negativ. An bestimmten Orten sei er wie ein Hund davon gejagt worden. Es gibt nämlich auch genug von Widersachergeistern durchdrungene Elementarwesen, die von so etwas gar nichts wissen wollen. Mir war Angars Missionseinsatz unangenehm. Denn ich fand, daß er es zu wichtig machte. Und es war total verfrüht. Ich hatte damals ja nur einen Willensentschluß und noch gar keine konkrete Idee oder Projekt, in das dieser Wille hätte einfließen können. Angar erzeugte in der Elementarwelt Erwartungen, und ich wußte überhaupt nicht, ob und wie ich diese erfüllen konnte. Doch ich merkte dann, daß mich Angar mit seiner Reise festgenagelt hatte. Jetzt mußte ich es auch umsetzen, zu viele Augen blickten her. Vielleicht war das der höhere Sinn seiner Mission.

Die Beweglichkeit von Angar fällt mir immer wieder auf. Obwohl er ein Elementarwesen ist, kann er sich offensichtlich in allen geistigen Regionen bewegen, auch in allen Sphären des Totenreiches. Ich glaube, daß Elementarwesen normalerweise auf ganz begrenzte Bereiche des Astralplanes und der geistigen Welt festgelegt sind. Bei Angar ist das anders, er hat hier eine besondere Fähigkeit.

Wenn ich ihn aber wirklich brauche, dann ist er da. Das Kreuzzeichen auf der rechten Schulter funktioniert sehr gut. Ich mache das Zeichen aber nur, wenn es wirklich wichtig ist. Oft gibt es über Wochen gar nichts zu besprechen. Wenn ich kreuze, dann erlebe ich meistens meine rechte Aura vom Kopf bis zum Fuß von seiner Substanz durchdrungen.

Wie arbeitete ich mit ihm praktisch zusammen?

Ich vertraue ihm und weiß, daß er im Übersinnlichen viel mehr weiß als ich. Wir ziehen am gleichen Strang, und er ist treu und zuverlässig. In den geistigen Welten hat man es ja immer mit individuellen Geistwesen zu tun, doch viele sind als Ratgeber nicht geeignet, da sie einen zu begrenzten Standpunkt haben. Man sollte schon wissen, wen man was fragen kann. Bei Angar fühle ich mich immer gut aufgehoben.

Ein großer Vorteil ist, daß die Kommunikation mit ihm flüssig und relativ beständig läuft. So kenne ich das mit keinen anderen geistigen Wesen. Mit meinem Engel kann ich mich nicht so unterhalten. Ich bemerke nur, ob ich von ihm energetisch durchdrungen bin oder nicht und kann daraus Rückschlüsse ziehen. Und ratgebende Tote sind mal da und mal nicht. Ich weiß, daß andere Menschen das anders erleben. Bei mir ist das so.

Angar ist für mich nicht nur Ratgeber, sondern auch übersinnliches Wahrnehmungsorgan. Wenn ich Elementarwesen in der Umgebung wahrnehmen will, frage ich oft Angar und versuche, mit seinen Augen zu sehen. Meine Erlebnisintensität erhöht sich dann in starkem Maße. Wenn ich mich in entfernte Orte einleben will, z. B. in die Hügel auf der anderen Seite der Bucht, dann bitte ich Angar, dort hinzugehen. Ich kann dann den Zustand des entfernten Ortes imaginativ erleben.

Einmal begegnete ich bei einer Erdheilungsarbeit einem problematischen ätherischen Strudel. Ich bat Angar, dort hineinzutauchen und zu sehen, was hier los ist. Munter und furchtlos stürzte er sich hinein, wurde durchgeschüttelt, hatte Mühe wieder herauszukommen, und als er zurückkam und berichtete, bekam ich die notwendigen Informationen.

Durch Angar verstehe ich nun, was das »Helfer-Tier« der Schamanen ist. Die Schamanen und Medizinmänner pflegen die Verbindung zu einem besonderen Elementarwesen, das ihnen bei ihrer Arbeit in den übersinnlichen Welten hilft. Wie ein Tier sieht er aber nicht aus. Wenn ich in die Ebene der imaginativen Bilder gehe, dann hat er Menschengestalt und ist mit einer flatternden glänzenden Kutte umhüllt.

Ein Konzertbesuch

Heute abend, am Freitag, den 17. August 2007, ist in Lubenicke ein klassisches Konzert. Im Juli und August gibt es dort einmal in der Woche klassische Musik. Ich fahre mit Roman, einem Urlaubsbekannten aus Wien hin. Ein Ensemble aus Rijka spielt in der kleinen alten Kirche. Es sind acht Musiker. Auf dem Programm sind Bach und Vivaldi und ein weiterer Komponist, den ich nicht kenne.

Ich genieße die Musik. Sofort fühle ich mich freier und höher angeschlossen.

Mit mir ist mein Elementarwesenteam gekommen. Wie reagieren die verschiedenen Mitglieder des Teams auf das Konzert? Im Laufe des Abends kann ich folgendes erleben:

Lara ist total begeistert. Sie ist aktiv, ausgebreitet und schwelgt mit den Elementalen, die in der Stimmung der Stücke leben. Auf diese reagiert sie sehr schwärmerisch und sentimental. Ich frage mich, ob das noch gesund ist. Ich finde es zu dick aufgetragen. Dann frage ich mich aber auch: Warum kann ich Laras Reaktion nicht einfach stehenlassen? Warum bewerte ich diese?

Dem Zimtigen ist die Musik anscheinend egal. Er macht einen ruhigen und gelassenen Eindruck, kümmert sich um seine Sachen und reagiert nicht auf die Musik.

Christi bekomme ich nicht gut ins Erleben. Ich bin mir nicht sicher, ob ich wirklich alles mitbekomme, was sie macht. Ich kann nicht feststellen, daß sie auf die Musik reagiert. Ich erlebe nur, daß Christi mit einer Spannung zu den katholischen Elementalen in der Kirche beschäftigt ist. Wir sind ja in einer katholischen Kirche. Irgendwie läuft zwischen diesen katholischen Elementalen und Christi eine Auseinandersetzung zum Christusverständnis ab. Es gibt Vorwürfe. Ich komme aber nicht dahinter, was wirklich los ist.

Angar ist genervt. Er wolle denken und Klarheit, aber nicht solche schwülstige Musik. Er wolle etwas Richtiges zu tun haben. Ich mache ihm den Vorschlag, er soll doch das Erdinnere unter Lubenicke untersuchen, wenn er mit dem Konzert nichts anfangen kann. Unlustig macht sich Angar auf die Reise und kommt entsprechend ergebnislos nach einiger Zeit zurück. Dann wendet sich das Blatt. Die Musik hat mehrere Engel angezogen, die im Raum erlebbar sind. Angar interessiert sich für diese und kommuniziert nun mit ihnen. So kommt er doch noch auf seine Kosten.

Eindrücklich ist die Reaktion des Zwerges, der in Beley mitgekommen ist. Er ist bei den Musikern. Neben diesen wartet er mit wichtiger, bedeutungsvoller und freudiger Geste. Offensichtlich will er, daß ich ihn wahrnehme. Denn kurz nachdem ich ihn bemerke, bewegt er sich zu dem Musiker, der jetzt die erste Geige spielt. Dieser kam zu diesem Stück hinzu. Er ist beeindruckend. Seine Geige hat einen virtuosen lebendigen Klang. Was mich noch mehr beeindruckt, ist seine innere Beteiligung. Mit seiner Seele, seinem Herzen, seinem Hören und seiner Konzentration ist er in der Musik und trägt diese. Der Zwerg stellt sich also hinter diesen Musiker. Und dann kann ich beobachten, wie der Zwerg langsam in den Geiger hineingeht. Der Zwerg verschwindet als eigenständige Gestalt und vereinigt sich mit der Aura des Geigers. Nun unterstützt er ihn in seinem Tun und nimmt Anteil an dessen musikalischem Erleben. Was interessiert den Zwerg so sehr? Warum ist er so engagiert? Ich komme zu dem Ergebnis, er interessiert sich für den Klang der Musik, den Klang, der ins Ätherische übergeht.

Die Mitglieder meines Teams reagieren völlig verschieden. Lara interessiert sich für die Elementale der Musik, Angar für die Engel der Musik, der Zwerg für das Ätherische des Klanges. Und mir ist ein gleichzeitiger Gesamteindruck aller dieser Ebenen zusammen mit der sinnlichen Hörebene ganz recht.

Das Stück endet, und der erste Geiger verläßt den Raum. Statt dessen kommt ein Oboenspieler hinzu. Wie reagiert der Zwerg?

Ich finde ihn nun zwischen den drei Geigerinnen des Ensembles. Er hat zu allen drei Musikerinnen gleichmäßig Kontakt, nicht nur zu einer. Der Zwerg bleibt dort bis zum Ende des Konzertes.

Die Krisensitzung

Es ist schon bald elf Uhr nachts. Die Musiker beginnen ihr letztes Stück. Ich konzentriere mich nicht mehr auf meine Elementarwesen-Begleiter, sondern lehne mich zurück und lausche entspannt den Bach-Klängen.

Ich bemerke gar nicht, wie es losgeht. Plötzlich bin ich mittendrin. Die Elementarwesenkönige sind in der Kirche. Ich fühle mich von ihnen umgeben und erinnere mich an den abgebrochenen Kontakt bei der Herfahrt im Auto. Ja, jetzt bin ich für das Treffen offen.

Wenn ich es richtig überblicke, sind die leitenden Wesen der Erd-, Wasser-, Feuer-, Luft- und Lichtwesen anwesend. Kurz und bündig kommen sie zur Sache. Nicht in Worten, in wortlosen Gedanken und Willensimpulsen. Sie sind sehr besorgt. Ich verstehe folgendes: Die Stimmung würde kippen, die Moral sinken. Die Naturelementarwesen der Erde wären von den Menschen sehr enttäuscht und fühlten sich verlassen. Die Lage sei sehr ernst. Die Elementarwesenkönige könnten ihren Wesen nicht mehr vermitteln, daß alles gutgehen werde. Vor einigen Jahren hätten die Elementarwesen noch zuversichtlich auf das beginnende bewußte Zusammenleben mit den Menschen geblickt. Doch es sei kaum etwas geschehen. Zwar ist das Thema Elementarwesen bekannter geworden, doch es gäbe kaum Willensimpulse. Die Menschen würden das Thema konsumieren. Doch kaum einer entwickele wirklich den Willen und die Liebe, die nötig ist, um in eine bewußte Verbindung mit der Elementarwelt zu treten. Die Naturelementarwesen seien aber darauf angewiesen, von den Menschen beachtet zu werden.

Ich erlebe in all dem einen Vorwurf und fühle mich bedrängt. Meinen die das wirklich? Warum drängen die so? Wir haben doch noch lange Zeit. Das geht doch nicht in ein paar Jahren. Das braucht doch Jahrhunderte.

Und ich nehme es auch persönlich. Ich mache doch schon was ich kann, Kurse, Vorträge, Buchprojekt. Was beschwert ihr euch denn bei mir?

Es geht aber alles so schnell, und ich bemerke gar nicht, daß ich persönlich betroffen bin. Persönliche Betroffenheit und Kommunikation mit Geistwesen ist ein Widerspruch. Denn durch persönliche Betroffenheit setzt man sich eine gefärbte Brille auf und sieht dann nur noch, was zu dieser Farbe paßt. Aber das fällt mir jetzt nicht auf. Das wird das weitere Gespräch prägen und stören.

Eine Gruppe der Naturelementarwesen ist noch nicht vertreten. Die Christus-Elementarwesen. Ich frage, ob wir nicht warten sollten, bis auch der Vertreter der Christus-Elementarwesen kommt? Sofort tritt eine zusätzliche Nuance auf, eine Milde und Güte, Kraft und Zuversicht. Für mich bedeutet das, daß Christus als Repräsentant der Christus-Elementarwesen nun auch bei der Besprechung dabei ist.

Sofort ändert sich die Stimmung: Die Lage ist ernst. Jeder tut was er kann. Schauen wir, was wir noch zusätzlich konkret tun können, um die Sache wieder ins Lot zu bringen. Vom Vorwurf sind wir nun zur Suche nach Lösungen gekommen.

Ich versuche, mir noch einmal klarzumachen, um was es geht, und denke folgendes: Den kleinen Elementarwesen ist der Kontakt zu den Menschen nicht so wichtig. Die ganz Großen sind souverän und überblicken weite Zeiträume. Bei diesen beiden Gruppen dürfte es keine Probleme geben. Die mittleren Elementarwesen sind aber nicht so stabil, da sie keinen so weiten Überblick haben und jetzt einfach erleben, daß sie mißachtet werden. Das Auftreten der Christus-Elementarwesen um die Jahrtausendwende hat die Zuversicht der Elementarwesen sehr erhöht. Vermutlich ist dieser Fundus nun aufgebraucht, und es bedarf neuer Taten, um die ungeduldigen mittleren Elementarwesen wieder zu befrieden. Aber warum schaffen die leitenden Elementarwesen es nicht, den mittleren

Wesen die Zusammenhänge und Zeitperspektiven zu vermitteln? Warum habe ich von dieser Aufregung in meinen eigenen Elementarwesenkontakten noch nicht so viel bemerkt? All dies ist aber nicht mehr Thema. Es gibt keine Rückkoppelung, ob ich es richtig verstanden habe. Auf die Fragen kommen keine Antworten.

Es geht jetzt nur noch darum, was man tun könne. Konkret, was ich tun kann. Ich kann im Folgenden nicht unterscheiden, was von wem kommt. Für mich verschwimmen die Elementarwesenkönige in etwas Gemeinsames:

– Bei den Menschen müsse mehr Ernsthaftigkeit und Willen angeregt werden. Wenn ich zum Beispiel das Buch, an dem ich gerade arbeite, »So können Sie Elementarwesen erleben« nenne, dann sei das nett. Es höre sich aber fast wie das Angebot einer Freizeitbeschäftigung an, ähnlich wie »So können Sie klettern«. Dadurch würde die Mißachtung der Elementarwesen gar nicht sichtbar. Es gehe darum, einen stärkeren Willen für die Achtung der Elementarwelt in der Erdenmenschheit zu vertreten.

– Ich habe Einwände. Die Menschen haben es mit dem Erleben von Elementarwesen sehr schwer. Sie sind mental ziemlich verbaut. Sogar wenn sie klare Erlebnisse haben, haben die Menschen unzählige mentale Tricks, um sich selbst nicht zu glauben. Es dauert sehr lange, Jahre und Jahrzehnte, bis das abgebaut ist, auch bei gutem Willen. Das ist meine Erfahrung. Solange man nicht in ein Erleben kommt, kann auch der Wille nicht entstehen. Wie soll man sich für etwas einsetzen, das man gar nicht erlebt?

– Darauf erwidern sie: Nur wenn eine Liebe zu den Elementarwesen da sei und sich ein Mensch entschließe, sich für die Elementarwesen einzusetzen, dann könne er sie wahrnehmen. Der Wille läge vor der Wahrnehmung. Ohne Willen werde man nicht frei von den mentalen und emotionalen Blockaden.

– Das überzeugt mich. Aber der Wille ist selbst frei. Jeder muß den Willen von sich aus entwickeln. Von außen kann man da gar nichts machen.

– Das sei richtig und müsse unbedingt beachtet werden. Ich könne aber einfach von meinem Willen erzählen. Damit würde ich andere Menschen auf die Idee bringen, daß man es wollen kann, sich für die Elementarwesen einzusetzen.

– Ich habe weitere Einwände: Natürlich könnte ich deutlicher auftreten. Aber ich stelle mich damit immer mehr ins Abseits. Wenn man von Elementarwesen spricht, dann wird man von sehr vielen schräg angesehen. Nicht nur die Elementarwesen werden diskriminiert, sondern auch alle Menschen mit übersinnlichen Wahrnehmungen werden diskriminiert.

– Ich sei doch frei, wirtschaftlich ziemlich unabhängig und habe auch keine berufliche Karriere mehr vor. Dann sei doch alles nicht so schlimm.

– Ich meine: Allein wenn ich von dieser Begegnung mit euch Elementarwesenkönigen berichte, wer soll mir das glauben? Ich werde doch als Phantast angesehen. Das klingt für Menschenohren viel zu sonderlich. Wenn ich von einem Elementarwesen in einer Pflanze oder in der Landschaft spreche, dann ist das auch schon viel, aber noch eher nachvollziehbar.

– Ob ich meine, daß es sie nicht gäbe? Die Wirklichkeit richte sich nicht nach den aktuellen menschlichen Vorstellungen.

– Nein, natürlich gibt es euch. Ich erlebe euch ja ganz real. Aber warum soll gerade ich mich soweit aus dem Fenster lehnen? Es gibt doch auch viele andere Menschen, die mit der Elementarwelt Kontakt haben?

– Die Besprechung würde aber jetzt mit mir stattfinden. Andere Menschen seien im Augenblick nicht anwesend. Jeder stehe an seinem Platz und erfülle seine Aufgaben.

– Ich wende weiter ein: Ich bin mir nicht sicher, ob andere Menschen, die Elementarwesen wahrnehmen, auch erleben, daß die Stimmung bei den Naturwesen zur Zeit kippe. In dieser Frage gibt es wahrscheinlich gar keine Einigkeit. Und ich soll dies dann zum Ausgangspunkt meiner Aktivitäten machen?

– Natürlich würde dies nicht jeder so erleben. Die Wirklichkeit habe viele Gesichter. Ich solle mich fragen, ob mein Erleben falsch sei und es überprüfen.

– Ich fahre fort: Auch wenn ich das Buch »Plädoyer gegen die Diskriminierung der Elementarwesen« nenne und mit diesem Impuls gestalte, so ändert das doch auch nicht viel. Die Menschheit wird noch lange brauchen, bis sie die Elementarwelt integriert hat.

– Es gehe um den Willensimpuls. Die Elementarwesen müßten erleben, daß in der Erdenmenschheit wirklich ernsthaft für sie gearbeitet wird. Nur durch entsprechende Taten könne das Vertrauen wieder hergestellt werden. Dabei würden geistige Taten allein nicht ausreichen. Die Elementarwesen benötigten Taten auf dem Erdenplan. Und ein starker Willensimpuls und eine starke Tat würde die Sache unter den Menschen mehr beschleunigen als ein schwacher Willensimpuls und eine schwache Tat.

– Das geht mir zu weit: Die Beruhigung der Elementarwesen kann doch nicht von meinen Aktivitäten abhängen.

– Doch, das würde schon beobachtet. Natürlich sei dies nur ein Baustein von vielen. Aber auf einen Stein könnten andere Steine gesetzt werden. Die Kraft, die ein entschiedeneres Auftreten freisetze, könne sehr viel bewirken, mehr als ich glauben würde.

So geht es hin und her. Es ist eine schwierige und turbulente Besprechung. Und es gibt viele Hindernisse zu überwinden. Dann ebbt es ab, und die Sitzung wird aufgelöst.

Inzwischen ist auch das Konzert aus. Ich applaudiere. Draußen trinke ich mit Roman noch etwas. Ich bin noch ganz versunken in dieses tiefe Erlebnis. Er fragt mich, über was ich denn nachdenke. Ich kann ihm das alles jetzt gar nicht erzählen. Wo soll ich da anfangen? Und wir sprechen über etwas anderes.

Im Nachklang bin ich von dem Gespräch verwirrt. Ich erlebe die Besorgnis und den Ernst der Elementarwesenkönige. Hier geht es wirklich um etwas. Das ist bei mir angekommen. Die Hintergründe sind mir aber nicht wirklich klar.

Als Titel des Buches habe ich nun »Plädoyer gegen die Mißachtung der Elementarwesen« im Sinn. Ich möchte den Standpunkt der Elementarwesen möglichst stark vertreten.

Im Laufe der kommenden Tage erlebe ich an mir, was das im Willen für einen Unterschied ist, wenn man sich ganz hinter die Elementarwesen stellt und sich für ihre Rechte einsetzt. Hier haben die Elementarwesenkönige wirklich recht. Es ist ein großer Unterschied.

Einladung des Riesen

Ich muß heute noch nach Lubenicke. Das kommt mir schon den ganzen Tag in den Sinn. Lubenicke, das uralte Steindorf auf der westlichen Felsenküste von Cres. Früher sollen hier auch Seeräuber gelebt haben. Heute leben dort noch 24 Menschen. Das Dorf liegt etwa 500 Meter über dem Meeresspiegel, und man blickt fast senkrecht auf das Meer hinab.

Lubenicke ist schön. Ich liebe es. Aber heute ist auch ein herrlich klarer Sonnentag mit erfrischender Brise. Alles strahlt freudig und glänzt. Urlaubsstimmung pur. Ich schreibe und schwimme. Ein paar Gespräche. Eine Spielrunde »Risiko« mit den Kindern. Ein Spaziergang am Strand. Ein langer Blick aufs Meer. Heute zieht Sara, eine Urlaubsfreundin meiner Söhne, mit ins Zelt. Sie bleibt mit uns noch vier Tage. Josef, der Vater, reist heute ab. Meine Buben und Sara freuen sich darüber, daß ihre gemeinsame Urlaubszeit noch weitergeht. Seit Tagen sind sie fast immer zusammen. Bis Josef verabschiedet ist, will ich nicht wegfahren. Außerdem ist heute wieder Restaurant-Tag im Mamalu. Jeden dritten Tag essen wir dort, ansonsten gibt es Campingessen vom Gaskocher. Das ist die Abmachung mit den Kindern, die eingehalten werden muß. Da hat es aber keinen Sinn, vorher nach Lubenicke zu fahren. Ich möchte dann auch Zeit haben. Also fahre ich nachher. Dann habe ich den ganzen Abend Zeit.

Doch wir kommen erst später zum Restaurant als geplant. Und dort dauert es auch sehr lange. Und bis wir fertig sind, ist die Sonne schon fast untergegangen. Was soll ich heute noch in Lubenicke? Bis ich oben bin, ist es fast dunkel. Und ich sehe keinen Schritt mehr vor meinem Fuß und stolpere über Steine. Fahre ich doch lieber morgen. Dann kann ich in Ruhe Kontakt mit der Elementarwelt und allem, was sonst noch da oben zu entdecken ist, aufnehmen.

Doch in mir tritt etwas ganz bestimmt auf. Ich soll noch hinfahren. Ich weiß nicht, wer sich hier meldet, aber es kommt aus dem Innern des Herzens. Dann ist es schon richtig. Also höre ich auf, weiter zu denken, steige den Abhang hoch zum Auto und fahre durch die Dunkelheit in den engen Gassen nach Lubenicke.

Und jetzt, was soll ich hier?

Wenn ich schon hier bin, dann gehe ich zum Aussichtsfelsen. Etwas Dämmerungsstimmung gibt es noch. Das sollte ich wenigstens aufnehmen. Also haste ich den Steinweg hinauf. Dabei blicke ich einen Augenblick nach innen. Ich bin viel zu getrieben, so wird das nichts. Wie soll ich hier mit irgend etwas in Kontakt kommen? Wie schaffe ich es nur, in innere Ruhe zu kommen? Was ist das nur? Ist egal, erst einmal nach oben.

Ich setze mich an die höchste Stelle der Felsenwand, an den Platz mit dem Fernrohr, und sehe mich um. Erst über das Meer, dann nach rechts über das Steinplateau... und ich falle fast nach hinten um! So eine Kraft stößt mir entgegen! Was ist denn das? Sofort wird mir klar: Hier an der höchsten Stelle von Lubenicke steht wieder einer der Cres-Riesen, wie ein Leuchtturm. Er ist mächtiger, größer und männlicher als die anderen Riesen, die ich kennenlernte. Ich komme mir ihm gegenüber ganz klein vor. Ehrfürchtig blicke ich ihn an.

Mir geht alles zu schnell. Ich sitze hier doch erst ein paar Sekunden und habe kaum durchgeatmet. So geht das nicht! Das überrennt mich ja.

So gehe ich zwanzig Meter zurück, um mit mehr Abstand wahrnehmen zu können. Ich achte darauf, daß ich innerlich aus dem Erleben wieder hinausgehe und frei davon werde. Ich will strukturiert vorgehen. Also imaginiere ich eine breite hohe Säule, eine vereinfachte Riesenform, an den Ort, der mich so anstrahlte. Dann lasse ich meine Konzentrationskraft wieder los und beobachte, was passiert. Die Form wird von dem Kraftgefühl erfüllt, das mich fast umwarf. Und die Form hält, die Säule bleibt stehen. Dann imaginiere ich dieselbe Form auf das Felsplateau in der anderen Richtung und lasse los. Die Form wird von keinem Gefühl erfüllt, sie bleibt hohl und verschwindet schnell. Ich setze die Riesenform dann noch in den Raum über dem Meer. Auch hier hält sie nicht. Der Formtest spricht also für ein Elementarwesen von der Gattung Riese.

Dann konzentriere ich mich wieder auf den vermeintlichen Riesenort und gehe meine Auraschichten durch. Das mache ich vor allem gedanklich, nehme zur Unterstützung der Konzentration aber auch meinen rechlten Arm dazu. In einem Abstand von etwa 50 bis 70 cm erlebe ich mich bewegt und im Fluß. Das ist die Ebene des Astralleibes. Also spricht auch der Auratest für ein Elementarwesen.

Dann gehe ich zum Inspirationstest und frage: *Bist du ein Riese?*

Ich erlebe innerlich eine Geste, die eindeutig »Ja« bedeutet.

Ich frage weiter: *Hast du dann auch eine Verbindung zu der Riesen-Höhle im Erdinnern von Cres?*

Der Riese zeigt mir seine Verbindung, ich sehe sie regelrecht vor meinem inneren Auge. Und dann erlebe ich einen Anklang der Höhle. Alles nur ganz kurz.

Meine Ansprüche sind nun allmählich befriedigt. Auf dieser sicheren Grundlage kann ich weitermachen. Ich empfinde mich angekommen und gefaßt. Eine Frage stellt sich aber: Warum bin ich so schnell mit dem Riesen in Kontakt gekommen? So etwas benötigt sonst doch immer eine längere Anwärmzeit. Und ich war doch sogar in einer schlechten inneren Verfassung. Am besten frage ich einfach den Riesen selbst.

Ich wende mich an den Riesen: *Warum kommen wir so schnell in Kontakt?*

Der Riese: Ich habe auf dich gewartet. Ich wußte, daß du heute abend noch kommst.

Warum wußtest du das?

Der Riese: Wir hatten dich eingeladen.

Du hast mich eingeladen?

Der Riese: Ja, wir haben dich eingeladen, nicht nur ich.

Warum wurde ich zu dir eingeladen, wir kennen uns doch noch gar nicht?

Der Riese: Natürlich kennen wir uns. Du bist doch schon seit Tagen mit meinen Riesenbrüdern in Kontakt. Wir sind eine Familie. Wenn du mit einem sprichst, sprichst du mit allen.

Warum hat mich dann nicht ein anderer Riese zu sich geladen, sondern du?

Der Riese: Ich bin erfahrener und geübter im Gespräch mit Menschen als die anderen Riesen. Merkst du nicht, wie gut ich mich verständlich machen kann? Ich forme meine Antworten in solche Gesten und Bildern, die du leicht verstehen kannst. So kann ich dir komplizierte Sachverhalte erklären. Du mußt auch nicht lange suchen, um es in passende Worte zu übersetzen. Die Übersetzung geht so leicht, daß du es beinahe so erlebst, als ob ich in Worten zu dir spräche. Ich kann aber keine Menschensprache. Ich habe nur lange beobachtet, welche Gebilde die Menschen in ihrem Ätherleib formen, wenn sie sprechen und denken. Ich versuche, mich ähnlich zu verhalten.

Ja, ich verstehe dich ausgesprochen gut! So gut geht es mit kaum einem Elementarwesen. Aus welchem Anlaß hast du mich eingeladen?

Der Riese: Die Krisensitzung mit den Elementarwesenkönigen hat in der Kirche von Lubenicke stattgefunden. Ich und viele andere Elementarwesen waren dabei und haben mitgehört.

Dann wissen schon viele Elementarwesen, was wir besprochen haben?

Der Riese: Ja, sehr viele Elementarwesen wissen davon. Und wir haben natürlich beobachtet, welche Folgen die Krisensitzung hat. Und wir sind froh, daß der Ernst unserer Lage bei dir angekommen ist und du dich entschlossen hast, das zu tun, was dir möglich ist. Aber wir haben auch beobachtet, daß da etwas deine Kraft blockiert. Das Gespräch hat nicht so gut geklappt, wie es hätte sein können.

Ja, ich denke immer wieder über die Krisensitzung nach. Ich habe hier wirklich noch eine große Frage. Warum ist es für euch Elementarwesen so schlimm, wenn ihr von den Menschen mißachtet werdet? Ihr bekommt eure Kraft doch von der geistigen Welt? Warum könnt ihr nicht einfach sagen, diese Menschen sind zur Zeit zu nichts zu gebrauchen, lassen wir sie links liegen, irgendwann werden sie sich schon besinnen?

Der Riese: Wir haben beobachtet, daß du das noch nicht richtig verstanden hast. Die Mißachtung der Menschen belastet uns, das ist unangenehm, aber das allein ist nicht wirklich bedrohlich. Die großen Elementarwesen wissen von dem Gewinn und dem Licht, das wir alle erhalten, wenn die Menschen sich einmal in Freiheit selbst ergreifen werden. Sie können deshalb mit der Mißachtung besser umgehen. Kleinere Elementarwesen, die das nicht richtig übersehen, leiden mehr darunter. Die ernste und sorgenvolle Haltung der Elementarwesenkönige ist nicht in der Mißachtung begründet, sondern in den Folgen der Mißachtung. Die Mißachtung ist unangenehm, bei den Folgen der Mißachtung geht es aber um unsere Substanz und unser Leben.

Was meinst du mit den Folgen der Mißachtung?

Nun zeigt mir der Riese eine erschreckende Imagination. Er zeigt herumschleichende, wolfartige Wesen, die auf eine Angriffsmöglichkeit lauern. Diese Imagination wird von starken Gefühlen der Angst und Schutzlosigkeit begleitet. Ich will die Botschaften des Riesen wieder in Worten formulieren.

Der Riese: Wenn ich mich umblicke, dann sehe ich Meuten ahrimanischer und luziferischer Elementarwesen herumstreunen. Diese sind hungrig. Sie sind naturgemäß Schmarotzer, da sie an die kosmische Kraftquellen nicht angeschlossen sind. Und so schleichen sie um uns Naturelementarwesen herum und suchen nach Möglichkeiten, uns zu durchdringen und zu vereinnahmen. Sie wollen sich von unserer Kraftsubstanz ernähren und wollen, daß wir ihnen dienen.

Wie kommen diese Elementarwesen in eure Umgebung?

Diese ahrimanischen und luziferischen Elementarwesen werden von den Menschen erzeugt, am laufenden Band. Es werden immer mehr. In den letzten Jahrzehnten hat ein rasantes Wachstum stattgefunden. Ahriman und Luzifer haben nur durch die Menschen einen Zugang zu uns Elementarwesen. Die Menschen sehen aber nicht, was elementarisch von ihnen ausströmt. Sie wissen nicht, was durch materialistische und egoistische Gedanken, Gefühle und Taten für die Welt entsteht. Doch wir Natur-Elementarwesen haben die Gefahr, die uns umschleicht, immer vor Augen.

Aber ihr seid doch gar nicht angreifbar! Ihr seid doch durch die Engelwelt und Christus geschützt.

Der Riese: Im Moment bin ich noch nicht angreifbar und auch die anderen Naturelementarwesen noch nicht. Unsere Aura ist noch so fest, daß die ahrimanischen und luziferisichen Elementarwesen keinen Angriffspunkt finden. Aber wir alle erleben, daß unsere Aura immer schwächer wird. Wir werden immer angreifbarer. Heute bin ich ein starker und mächtiger Riese. Aber wenn es so weitergeht wie bisher, werde ich fallen und Futter für die Meute werden.

Wann wird das geschehen?

Der Riese: Diese Frage ist schwierig für mich. Wir Elementarwesen leben nicht in der Zeit wie ihr Menschen. Wir leben immer in einer Art ewigen Gegenwart. In dieser Gegenwart erleben wir auch, daß wir Opfer der ahrimanischen und luziferischen Elementarwesen sind. Und das bereitet uns große Sorgen. In eure Zeit umgesetzt, ist das wohl Hunderte oder Tausende Jahre entfernt. Doch wir erleben das jetzt und sorgen uns deshalb jetzt. Ich kann es dir nicht genauer sagen.

Wieso wird eure Aura schwächer?

Der Riese zeigt mir eine Imagination seiner Aura, seiner Substanz. Diese fühlt sich tatsächlich zart und angreifbar an. Und es wird klar, daß diese aus der geistigen Welt nicht mehr so erfüllt wird wie früher.

Der Riese: Das kommt daher, weil die Engelwelt sich von uns Naturelementarwesen langsam zurückzieht. Früher hat sie uns stark und mit eiserner Hand gehalten und geschützt. Heute sind die Engel weiter entfernt und schützen uns Naturelementarwesen nicht mehr so wie früher. Dadurch werden wir angreifbarer.

Wieso machen die Engel so etwas?

Der Riese: Der Rückzug der Engel hängt mit der Freiheit des Menschen zusammen. Michael, der leitende Zeitgeist, traut euch Menschen die Freiheit zu. Die Freiheit kann das höchste und wertvollste Gut der Erdenentwickelung werden, ein unendlich strahlendes Licht. Freiheit kann nur in Freiheit entstehen. Deshalb lassen die Engel unter Führung Michaels die Menschen frei und in der Folge auch uns Naturelementarwesen. Von der Engelwelt freigelassen zu werden, ist aber erst die Voraussetzung der Freiheit. Wirkliche Freiheit entsteht, wenn ihr Menschen in Freiheit und Liebe uns Naturelementarwesen Grundlage und Schutz bildet. Wir Elementarwesen und ihr Menschen sitzen in einem Boot. Unser Schicksal ist verknüpft. Wenn ihr Menschen versagt, dann zieht ihr uns Naturelementarwesen mit in den Abgrund. Ihr Menschen wißt von dem Abgrund nicht einmal, doch wir haben ihn vor Augen.

Was müssen wir Menschen tun, um euch zu stärken und die Sorgen zu nehmen?

Der Riese: Wenn ihr uns achtet und mit Bewußtsein und Liebe durchdringt, dann gebt ihr uns schützende und tragende Kraft. Ihr durchleuchtet, durchglüht und durchgeistigt uns. Dadurch verbindet ihr uns auch wieder mit der Engelwelt. Denn in der menschlichen Freiheit leben die Engel. In eurem Bewußtseinslicht leben die Engel.

Und der Riese erzeugt weitere Gedankengesten: Das ist der ernste Hintergrund der Krisensitzung. Die Mißachtung der Elementarwelt ist deshalb verheerend, weil ihr uns damit den notwendigen Schutz gegen die ahrimanischen und luziferischen Schmarotzer nicht gebt. Viele Elementarwesen sehen heute, daß sie diesen notwendigen Schutz von den Menschen nicht ausreichend erhalten werden. Das ist im Weltenkarma heute so verzeichnet. Dort ist zu sehen, daß viele Naturelementarwesen den ahrimanischen und luziferischen Wesen zum Opfer fallen. Deshalb haben die Elementarwesenkönige sorgenvoll interveniert. Sie hoffen, daß unter euch Menschen ein Problembewußtsein entsteht und sich zunächst wenige und dann immer mehr Menschen anders gegenüber uns Naturelementarwesen verhalten, bis sich die Waagschale des Weltenkarmas wieder in die andere Richtung neigt. Je nachdem, wie ihr Menschen euch verhaltet, kann das schnell geschehen.

Darf ich Dir noch eine Frage stellen? Wieso schilderst du mir diese Zusammenhänge und nicht die Elementarwesenkönige selbst?

Der Riese: Wir waren der Ansicht, daß es für dich überzeugender ist, wenn ich es tue. Ich kann dir Bilder aus meinem eigenen Erleben geben. Die Elementarwesenkönige erleben unsere Besorgnis. Wir wollten ermöglichen, daß du es genauso erleben kannst wie sie.

Ich bemerke, daß das Gespräch zu Ende geht. Es war mehr eine Belehrung als ein Gespräch. Feierliche und von Dankbarkeit erfüllte Stimmung erfüllt mein Herz. Da mir soviel gegeben wurde, ist der Ball nun bei mir.

Ich blicke in den weiten Sternenhimmel und in die Weite des Meeres. Mir kommt ein Text in den Sinn, der jetzt paßt. Dieser hat sich in den letzten Jahren entwickelt. Die Worte sind mir zugeflossen. Diese Widmung, die ich gerne zu Beginn der Meditation spreche, hat zum Inhalt, um was es dem Riesen geht!

Und so verstärke ich meine meditative Konzentration, denke an die Elementarwesen unserer Erde und spreche langsam und laut in den Wind der Nacht:

Liebe Elementarwesen von fern und nah, schauet her,
Liebe Sphärenmenschen, höret zu, wirket mit,
Liebe Engelgeister, strahlet ein,
Ihr alle, gebet Kraft, nehmet Licht.
Wir sind – im Namen Christi –
Das sich selbst schaffende Ich,
Die Sonne im Herzen,
die neue Erde.
Etwas fehlt noch. Ein Willensimpuls. Ich füge hinzu:
Michael, steh uns bei!

Nach einem tiefen Moment der Stille wende ich mich noch einmal dem Riesen zu. Dieser drückt mich mächtig an sein Herz, und wir verabschieden uns. Jetzt weiß ich, warum ich nach Lubenicke kommen sollte, gehe zum Auto und fahre zurück zum Zeltplatz.

Die ganze Begegnung hat nur wenige Minuten gedauert. Ich habe sie so getreu wie mir möglich beschrieben. Alle Formulierungen des Riesen sind natürlich von mir. Die Form der direkten Rede halte ich in diesem Fall durch die klare und differenzierte Art der Kommunikation in Gedankengesten und Bildern für sinnvoll.

Gegenwärtiges Erleben der Zukunft

Das Treffen mit dem Riesen in Lubenicke berührt mich tief. Nach dem Aufwachen habe ich den Eindruck, die ganze Nacht mit dem Riesen weiter in Verbindung gewesen zu sein. In der zweiten Nacht geht es mir genauso. Ich bemühe mich immer, daß meine Kontakte mit der Elementarwelt im Wachbewußtsein stattfinden. Dennoch bekomme ich vermutlich nur wenige Prozent des tatsächlichen Austausches mit. Im Unbewußten, im Schlaf passiert viel, viel mehr. Dieses strahlt in mein Bewußtsein höchstens mit dem vagen Empfinden, da war doch was, herein. Was ich mit dem Riesen und seinen Elementarwesenfreunden noch alles zusätzlich besprochen habe – ich weiß es nicht.

Nach der Krisensitzung mit den Elementarwesenkönigen dachte ich, der Titel des Buches sollte lauten »Plädoyer gegen die Diskriminierung der Elementarwesen« oder »Plädoyer gegen die Mißachtung der Elementarwesen«. Jetzt weiß ich, daß diese Titel nicht treffend sind, und mir schwebt nun »Plädoyer für die Rettung der Elementarwesen« vor.

Am Nachmittag gehe ich im Inland von Cres joggen. Nach einigen Kilometern über steinige Pfade hält mich eine imposante alte Eiche auf. Die Eichenkraft durchdringt mich von Kopf bis Fuß, erdet, stärkt und erquickt. Unglaublich welche energetische Wirkung das Erblicken einer kräftigen Eiche haben kann! Obwohl ich schon keuche und schwitze, bin ich sofort wieder voller Kraft und könnte weiterlaufen. Da blinkt der Faun des Baumes, ein alter, mit allen Wassern gewaschener Kerl, mir zu und bedeutet: Toll, deine Verbindung mit dem Riesen, und toll, was ihr in Lubenicke besprochen habt! Weiter so! Das ist ganz wichtig!

Jetzt weiß dieser Faun auch schon Bescheid und ermuntert mich!

Gleichzeitig beginnt ein mentales Bremsen: Ich bin beim Joggen, meine Aufmerksamkeit ist von meiner mittelmäßigen Kondition absorbiert. Ich bin auf den physischen Körper konzentriert und nicht auf meine leibfreien Wahrnehmungen. Ich habe mein Innenleben nicht vorbereitet und präpariert. Und so kann ich doch gar nicht unterscheiden, was Projektion und Wahrnehmung ist... Ich bremse das Bremsen. Ich kann es doch einfach einmal so stehen lassen.

Der Faun sagt nichts mehr. Er hat ja schon gesagt, was er sagen wollte. Ich kann ihn deutlich spüren.

Ich denke immer wieder über das Gespräch mit dem Riesen nach. Warum war er mit dem Zeitpunkt, wann die Naturelementarwesen fallen werden, so ungenau? Es wäre doch für uns Menschen ganz wichtig zu wissen, ob in 100 Jahren, in 500 Jahren oder in 5000 Jahren die Aura der Naturelementarwesen so schwach ist, daß sie für die ahrimanischen und luziferischen Elementarwesen angreifbar werden? Sicherlich gibt es keinen einheitlichen Zeitpunkt, da dies ein Prozeß ist und es eine Scheidung innerhalb der Naturelementarwesen geben wird. Es wird »stärkere« und »schwächere« geben, einige werden früher fallen, andere später, und vielleicht gibt es auch einige, die ganz den Angriffen widerstehen können. Je mehr ich über diese Fragen nachdenke, um so klarer wird mir, daß dies Menschenlogik ist. Elementarwesen erleben ganz anders.

Der Schlüssel, um diesen Unterschied zu verstehen, ist das Zeiterleben. Wir Erdenmenschen leben in einer Zeitfolge. In unserem Vorstellungsleben gibt es immer Vergangenheit, Gegenwart und Zukunft. Die Vergangenheit ist für uns vorbei, die Zukunft ist noch nicht gekommen. Unsere Zeitperspektive ist sehr stark von unserem Lebensalter beeinflußt. Was morgen oder im nächsten Jahr sein wird, das interessiert uns sehr. Was in 10 Jahren sein wird, schon weniger. Was in 100 Jahren sein wird, ist uns schon ziemlich egal. Und was in 1000 Jahren sein wird, ist uns völlig egal.

Die Vergangenheit gibt es in Form von Erinnerungen, die Zukunft gibt es in Form von Vorstellungen, nur die Gegenwart gibt es in Form des Erlebens. Erleben kann ich immer nur gegenwärtig. Auch die Erinnerungen der Vergangenheit und die Vorstellungen der Zukunft kann ich nur in der Gegenwart erleben. Insoweit sind die Vergangenheit und die Zukunft Kinder der Gegenwart, ausgeweitete Gegenwart. Doch wir Menschen sind meistens nicht so geistesgegenwärtig, daß wir diese bedeutende Dimension der Gegenwart mitbekommen. Wir werden bei den Erinnerungen von deren Inhalt aufgesogen und bemerken deren gegenwärtiges Leben nicht.

Dies ist bei den Elementarwesen anders. Diese sind immer geistesgegenwärtig. Für sie sind die Vergangenheit und die Zukunft in der Gegenwart. Für die Elementarwesen gibt es nicht, »das war einmal« oder »das wird kommen«, denn beides ist »jetzt«. Für die Elementarwesen hat die Zeit die Qualität, die für uns der Raum hat. Im Raum gibt es kein vorher und nachher, sondern nur ein hier oder dort. Zukunft und Vergangenheit ist für die Elementarwesen gleichzeitig, nur an einem verschiedenen »Zeitort«. Dadurch erleben Elementarwesen ganz anders als wir Erdenmenschen.

Wenn wir hören: »In 5000 Jahren wird unsere Stadt abbrennen!«, dann bewirkt diese Aussage bei uns nichts.

Wenn wir dagegen hören: »Unsere Stadt brennt!«, dann werden wir sofort aktiv, rennen auf die Straße und schauen, wie weit das Feuer von unserem Haus entfernt ist. Wir räumen die Wohnung, bringen die Kinder in Sicherheit, helfen beim Löschen. Wir richten unsere Konzentration und Aktivität vollständig auf diesen Vorgang.

Einen solchen Unterschied gibt es für die Elementarwesen nicht. Wenn sie im Weltenkarma sehen, »wir fallen in 5000 Jahren ahrimanischen und luziferischen Wesen zum Opfer«, dann erleben sie dies jetzt, und sie werden jetzt genauso aktiv wie wir, wenn wir hören: »Unsere Stadt brennt!«. So sind die Krisensitzung und die sorgenvollen Aktivitäten der Elementarwesen verständlich.

2004 habe ich diese Aufregung in der Elementarwelt nicht erlebt, sondern vielmehr eine freudig-erwartungsvolle Stimmung uns Erdenmenschen gegenüber. Warum soll sich bis 2007 die Situation der Elementarwesen so verschlechtert haben, daß sie jetzt um ihre Existenz bangen? In Erdenmenschenlogik hört sich das hysterisch und übertrieben an. Das ist es aber nicht, sondern die Elementar wesen denken wirklich vorausschauend. Ihnen ist die Zukunft in 5000 Jahren genauso wichtig wie die Gegenwart.

Die Zukunft ist in der geistigen Welt nicht statisch, sondern immer in Bewegung. Wir Menschen können durch freie Taten die Zukunft gestalten, indem wir karmische Ursachen erzeugen. Wenn wir immer mehr karmische Ursachen auf eine Seite der Waage legen, dann bekommt diese Seite irgendwann das Übergewicht, und entsprechend wird dann in der geistigen Welt die jeweils »gegenwärtige Zukunft« gebildet. Die Elementarwesen erleben nun anscheinend, daß wir Menschen in den letzten Jahren zuviel karmische Ursachen auf die Seite »Verfall an ahrimanische und luziferische Wesen« gelegt haben. Die Waage schlägt nun in diese Richtung aus. Für die Elementarwesen ist das gegenwärtige Realität. Sie erleiden dies jetzt. Und so werden sie jetzt aktiv. Die Elementarwesen machen eben keinen Unterschied, ob der Verfall morgen, in 100 Jahren oder in 5000 Jahren stattfindet.

Die Elementarwesenkönige haben also mit ihrer Intervention zum frühestmöglichen Zeitpunkt Alarm geschlagen. Und das ist gut so! Denn wenn wir Menschen weiterhin mehr karmische Ursachen auf die Waagschale »Verfall der Elementarwesen« legen, dann gewinnt diese Seite immer mehr an Übergewicht. Und um so schwerer wird es, die Waage wieder auf die andere Seite zu bringen.

Eine zweite Frage beschäftigt mich. Die Elementarwesen sind das Innere der Naturkräfte und Naturgesetze. Wenn die Naturelementarwesen an die luziferischen und ahrimanischen Wesen fallen, dann müßten sich damit auch die Naturgesetze entsprechend ändern. Wie kann ich mir diese »Änderung« konkret vorstellen? Welche Absichten haben die ahrimanischen und luziferischen Wesen, für die sie die Naturelementarwesen benützen wollen? Ich komme im Augenblick mit dieser Frage nicht weiter und lasse sie erst einmal reifen.

Im Rückblick kann ich nun deutlich sehen, was bei der Krisensitzung falsch gelaufen ist. Diese war ganz durch meine Situation und Betroffenheit geprägt. Deshalb konnte das eigentliche Problem der Elementarwesen gar nicht herauskommen. Und deshalb wurde ich vom Riesen nach Lubenicke eingeladen.

Umstülpen in die Welt

Die Erlebnisse der letzten Tage beschäftigen mich immer noch sehr, und ich will diese weiter durchdenken. Die Elementarwesen hoffen auf die Zusammenarbeit mit uns Menschen, da ihre Zukunft von uns abhängig ist. Sie wollen, daß wir uns willentlich hinter sie stellen, daß wir Menschen die gemeinsame Zukunft ernstnehmen. Die Elementarwesenkönige und der Riese haben mir deutlichst vermittelt, daß es ihnen zum jetzigen Zeitpunkt besonders um die Intensität des Willens geht. Und sie hoffen sehnlichst darauf, daß dieser Wille in der Menschheit erstarkt. Denn sie erleben, was aus diesem Willen in der Zukunft wird. Sie durchleiden jetzt, daß der heutige schwache Wille zum Niedergang vieler Naturelementarwesen führen wird. Es fällt auf, daß es ihnen um den Willen und nicht um konkrete Maßnahmen geht. Das ist auch logisch. Denn vor Handlungen steht der Willensentschluß. Ist der Wille schwach, werden kaum Handlungen folgen. Ist der Wille stark, werden mehr Handlungen erfolgen.

Das Anliegen der Elementarwesen gleicht einem Heiratsantrag. Eine Heirat ist ja auch ein Willensentschluß, möglichst ein durch Liebe getragener und durchtränkter Willensentschluß. Man entscheidet sich, zusammenzustehen, auch wenn man noch gar nicht weiß, was das dann konkret bedeutet. Man nimmt den Partner ernst und steht zu seiner Verantwortung. Die Elementarwesen haben der Menschheit einen Heiratsantrag gestellt. Und Sie hoffen darauf, daß möglichst viele Menschen in die Heirat einwilligen. Die Elementarwesen wollen, daß wir »Ja« sagen. Nicht oberflächlich, sondern als ganzer Menschen mit ganzem Herzen. Nur das zählt.

Warum sind die Elementarwesen von uns Menschen abhängig? Warum können nur wir Menschen sie vor den Widersacherkräften bewahren? Für die Elementarwesen scheint das keine Frage zu sein, da sie es so erleben. Für uns Menschen ist es aber eine Frage, da wir es nicht unbedingt so erleben.

Wie kann man sich das denken? Dem Menschen eine solche wichtige Rolle im Kosmos zuzuschreiben, ist ungewohnt. Denn heutzutage denkt man eher, daß der Mensch »ein Irrtum der Natur« ist. Oder man denkt, das ist Überheblichkeit, da eine solche Rolle nur Gott vorbehalten ist.

Ich glaube, daß man es letztlich nur verstehen kann, wenn man das nachtodliche menschliche Leben mit ins Blickfeld nimmt. Solange man den Menschen nur in seinem irdischen Leben betrachtet, ist die Hoffnung der Elementarwesen nicht verständlich. Wie habe ich den Verlauf des nachtodlichen Lebens in meinen Erfahrungen mit Verstorbenen und aus der geisteswissenschaftlichen Literatur kennengelernt?

Das nachtodliche Leben besteht idealerweise aus einer dreifachen Loslösung, Vereinigung mit den Engeln, Umstülpung und Ausdehnung bis an den Rand des geistigen Universums, Zusammenziehung, das Losgelöste wieder aufnehmen und neu beginnen.

Loslösung 1 = Der Tote trennt sich von seinem physischen Leib und hat damit keine Sinneswahrnehmungen mehr.

Vereinigung mit den Engeln = Die Engel leiten und stützen den Toten, ohne Vereinigung mit den Engeln bleibt der Tote auf seinem Wege stecken.

Loslösung 2 = Der Tote sieht panoramaartig sein ganzes erlebtes Erdenleben, Erinnerungen, Gedanken und Gefühle vor sich wie eine Landschaft. (Lösung vom Ätherleib)

Loslösung 3 = Der Tote durchkaut seelisch sein Erdenleben und sieht und erleidet, was er getan hat. Dabei findet eine karmabildende Selbstbewertung statt, und der Tote löst sich von seinen Anhaftungen. Damit verläßt der Tote ganz seine Person und erlebt diese als Außenwelt. (Lösung vom Astralleib, Kamaloka)

Umstülpung und Ausdehnung = Nach der Lösung von der Person beginnt das eigentliche Leben der Toten. Sie stülpen sich in das Innere der Welt um und dehnen sich weiter bis an den Rand des geistigen Universums, des Tierkreises, aus (Devachan). So arbeiten sie an der Weltentwicklung mit, kümmern sich um inkarnierte Menschen, kümmern sich um das Wachstum der Pflanzen, um die Formung der Gebirge usw.

Zusammenziehen = Eine wachsende Erdensehnsucht führt zu einem Inkarnationsentschluß. Im Zusammenziehen wird mit den Engeln das nächste Erdenleben vorbereitet.

Das Losgelöste wieder aufnehmen = Der abgelegte Astral- und Ätherleib wird wieder aufgenommen.

Neu beginnen = Bildung des physischen Leibes, Geburt ins nächste Erdenleben.

Das ist natürlich ein großes Thema mit vielen Fragen und ein eigenes Buch. Ich will mich auf die in diesem Zusammenhang entscheidende Stelle konzentrieren: Die Umstülpung in die Welt. Denn dadurch sind wir Menschen von der Welt nicht getrennt, sondern innigIichst verbunden. Wenn ich in den Sternenhimmel blicke, wenn ich auf die Hügel blicke, wenn ich auf das Meer blicke, dann blicke ich – in einer gewissen geistigen Ebene – in das Weben der Toten. Wenn der Mensch also nicht nur Trittbrettfahrer der Welt ist, sondern geistig das Innere der Welt, dann ist es auch logisch, daß sich die Entwicklung der Menschheit auf die ganze Welt unmittelbar auswirkt. Dann ist es logisch, daß die Weltentwicklung vom Menschen abhängt. Ich meine, daß das auch für jemanden logisch sein müßte, der sich unter »Umstülpen in die Welt« nichts Konkretes vorstellen kann. Denkerisch kann man so das Anliegen der Elementarwesen besser verstehen.

Ich will das Umstülpen in die Welt noch genauer ansehen. Hier kenne ich drei Möglichkeiten:

Die Umstülpung findet gar nicht statt. Der Tote ist durch materialistisches Denken oder starke seelische Verstrickungen hängengeblieben. Solche hängengebliebenen Toten gibt es in zahlreichen Varianten zunehmend in rauhen Mengen. Sie wirken nicht konstruktiv an der Weltentwicklung mit, sind keine Quelle, haben keinen Kräfteüberschuß, sondern sind bedürftig und saugend. Für das Seelenleben der inkarnierten Menschen sind sie sehr problematisch, für die Naturelementarwesen zumindest nicht förderlich.

Der Tote stülpt sich in die Welt um, hat aber nicht die Kraft, sein Bewußtsein zu behalten. Er schläft sozusagen in die Engelwelt hinein ein und wacht erst etwas vor der nächsten Inkarnation wieder auf. Zwischenzeitlich wirkt er unbewußt an der Weltentwicklung und an der Konzeption seines nächsten Erdenlebens mit, aber ganz im Schlepptau der Engelshierarchien. Warum haben solche Tote nicht die Kraft, sich wachzuhalten? Ich verstehe das so: Sie haben die Kraft nicht, weil sie diese im Erdenleben nicht entwickelt und von dort mitgebracht haben. Ihr Seelenleben war nur von Irdischem, von leibgestützten Sinneswahrnehmungen erfüllt. Diese werden uns von der geistigen Welt geschenkt. Somit haben sie ihr Erdenleben schon im Schlepptau der Engelshierarchien verbracht. Das setzt sich nachtodlich fort. Die Naturelementarwesen werden von den Engelshierarchien und damit auch von den Schlepptau-Toten genährt. Wenn sich die Engelshierarchien um der menschlichen Freiheit willen aber langsam zurückziehen, dann dürften auch die Schlepptau-Toten für die Naturelementarwesen zunehmend ausfallen. Da sie bewußtlos sind, können die Schlepptau-Toten eigenständig kaum etwas machen.

Die dritte Möglichkeit ist, daß der Tote sich in die Welt umstülpt und dabei wach bleibt. Er arbeitet dann sozusagen auf Augenhöhe zusammen mit den Engeln an der Weltentwickelung und der nächsten Inkarnation. Solche Tote sind herrlich. Ich habe kaum Schöneres erlebt. Bei den ersten Begegnungen dachte ich immer, es sei ein Engel. Denn diese Tote leben ganz erfüllt und identifiziert mit den Engelshierarchien und Christus. Doch sie sind mehr. Nämlich eine strahlende, wärmende, helle Sonne. Und gleichzeitig erlebe ich eine unendliche Weite verbunden mit Festigkeit. Wie das Haltegerüst des Kosmos. Wieso haben solche Tote die Kraft, sich wachzuhalten? Ich verstehe es so: Sie bringen diese Kraft aus ihren Erdenleben mit. Sie lebten dort nicht nur leibgestützt, sondern auch leibfrei, ich-gestützt. Das Leuchten ihres Ichs, ihrer Konzentrationskraft, ihrer Herzensliebe hält sie auch nach der Umstülpung in die Welt wach. Diese Toten sind selbst Schlepper, können eigenständig agieren und dürften so die Naturelementarwesen auch nach einem Rückzug der Engelwelt nähren können.

Im Betrachten dieser drei Möglichkeiten wird klar, daß die Naturelementarwesen besonders an der dritten Gruppe, den wachen Toten, interessiert sind. Denn diese tragen auch in Zukunft das geistige Universum. Die Elementarwesen hoffen auf viele strahlende, wache Tote.

Und da fällt es mir wie Schuppen von den Augen!

Für das Erleben von Elementarwesen und für das Wachbleiben nach dem Tode ist doch dasselbe erforderlich: Liebe, Ehrfurcht, Konzentrationskraft, Ich-Kraft und leibfreies Wahrnehmen.

Damit löst sich eine weitere Frage: Es ist ja nicht ohne weiteres verständlich, warum das Anerkennen der Elementarwesen zu einem geistigen Halten und Nähren der Elementarwesen führt. Warum sollen die Gedanken und Empfindungen von jetzt inkarnierten Menschen so weitreichende zukünftige Folgen haben? Jetzt wird mir der Zusammenhang erst klar. Je mehr ein inkarnierter Mensch sich mit der Elementarwelt oder anderen übersinnlichen Welten verbindet, um so mehr Leuchtkraft hat er dann auch als exkarnierter Mensch. Wenn ich auf Erden die Wachheit erringe, nicht nur in den leibgestützten Wahrnehmungen zu leben, sondern auch in den leibfreien Wahrnehmungen, dann steht mir diese Wachheit auch nach dem Tode zur Verfügung. Je mehr Achtung die Elementarwesen auf der Erde erhalten, um so mehr wache, die Elementarwesen tragende Tote wird es geben! Erst damit kann ich die dringliche Bitte des Riesen von Lubenicke richtig verstehen. Der Riese sprach: »Wenn ihr uns achtet und mit Bewußtsein und Liebe durchdringt, dann gebt ihr uns schützende und tragende Kraft. Ihr durchleuchtet, durchglüht und durchgeistigt uns. Dadurch verbindet ihr uns auch wieder mit der Engelwelt. Denn in der menschlichen Freiheit leben die Engel. In eurem Bewußtseinslicht leben die Engel.« Das Durchleuchten der Elementarwesen findet nicht nur jetzt statt, sondern entfaltet sich erst richtig und dauerhaft nach dem Tode, wenn die Toten wach bleiben.

Und warum mühe ich mich so ab, dies alles zu verstehen und zu entschlüsseln? Ich könnte doch einfach die Elementarwesen fragen? Das würde aber nichts nutzen. Denn diese haben ja schon vermittelt, was sie vermitteln konnten. Wenn ich immer weiterfrage wird es auch nicht besser. Wenn es überhaupt neue Antworten gäbe – diese müßte ich dann auch wieder verstehen. Es führt kein Weg daran vorbei, die Zusammenhänge eigenständig denkerisch zu greifen. Es ist in meinen Augen nicht möglich, daß man sich in den Sessel zurücklehnt und von der geistigen Welt bedienen läßt. Denn Geistwesen können auch nur das vermitteln, wofür der Empfänger Auffassungs- und Verständnisorgane hat. Solche Verständnisorgane bildet man im denkerischen Ergreifen geistiger Zusammenhänge.

Was kann man sich konkret darunter vorstellen, daß Tote sich in die Welt umstülpen, wach bleiben und so zum Nährboden für Elementarwesen werden? Wenige Tage nachdem ich im Sommer 2005 Angar traf, konnte ich das ganz praktisch und ganz eindrücklich erleben. Das Naturweltwunder der Plitvicerseen in Kroatien ist eine verschachtelte Seenlandschaft voller Wasserfälle und Wasserspiele. Die Seenlandschaft wurde durch wachsende Steine gebildet. Eine

Algenart bringt die Steine zum Wachsen. Unklar ist jedoch, warum dies so konzentriert an dieser Stelle des Flusses auftritt und an anderen Orten des Flußlaufes nicht so stark. Irgend etwas Besonderes muß an diesem Ort sein.

Agnes und ich bewunderten zwei Tage lang dieses Wunder. Ich fand mehrere größere Wasserwesen, verband mich im Herzen mit ihnen und fragte sie nach ihrem Ursprung. Jedesmal und wiederholt wurde ich von den Wasserwesen in die Stimmung einer frommen, lauteren, betenden Menschengemeinschaft und zu einem herrlichen umgestülpten Toten geführt. Ich wurde von den Wasserwesen nicht zu einem Engelwesen geführt, wie ich es sonst kenne, wenn ich Naturelementarwesen nach ihrem Ursprung frage. Nach und nach wurde es klarer. Vor etwa 500 Jahren muß in der Gegend der Plitvicerseen eine kleine, bescheidene, klösterliche Gemeinschaft gelebt haben. Im Zentrum stand eine heilige Frau. Das Geheimnis dieser Gemeinschaft war die Innigkeit und Seligkeit ihres meditativen Gebets. Mit dieser Substanz wurden die Elementarwesen der Landschaft durchdrungen. Die Gemeinschaft beschäftigte die Frage, wie die Religiosität des Volkes in Zukunft gepflegt werden kann. Zu Lebzeiten wurden diese Impulse und Kräfte veranlagt, im nachtodlichen Leben entfaltete es sich dann. Das innige Gebet entwickelte sich für die Elementarwesen zu einem neuen Grund, auf dem sie stehen können. Sie stehen nicht mehr in Engelwesen, sondern sie stehen nun in den Totengeistern dieser Betgemeinschaft. Eine Tote konnte ich mehrmals erleben, wie sie liebevoll und kraftvoll aus dem kosmischen Umkreis zu den Plitvicerseen blickt und diese trägt. Die Frage nach der Pflege der Religiosität entwickelte sich zum Wachstum der Steine und zur Schaffung dieses Naturweltwunders. Hierzu bekommen die örtlichen Elementarwesen die Anregung von den Toten, die dabei natürlich von Engeln stark unterstützt werden. Die Elementarwesen setzen das um und bringen die Steine zum Wachsen. Um Nährboden zu sein, müssen die Menschen nicht die Einzelheiten kennen, dafür sind die Elementarwesen und Engel zuständig, sondern müssen den Willen, die Idee und die geistige Anbindung liefern.

Jährlich kommen Hunderttausende Besucher, die trotz Bewaffnung mit Video- und Fotoapparat im Innern der Seele angerührt werden und die Heiligkeit und Religiosität der Natur empfinden. Wer einen emotionalen Beweis für Gott sucht, dem empfehle ich einen Besuch der Plitvicerseen.

Seit dem Plitvicerseen-Erlebnis achte ich in der Begegnung mit Elementarwesen auf diesen Aspekt. Ich erlebe immer wieder Elementarwesen, die auf Menschengrund stehen oder stehen wollen.

Mir kommt zum Beispiel eine Zwergenschar im Stuttgarter Kulturzentrum »Forum 3« in den Sinn. Diese litten darunter, daß sie von der Engelwelt abgeschnitten sind, aber noch keinen richtigen Menschenboden fanden und somit in der Luft hängen. Dann erlebe ich eine Art Verdauen in mir und wie die Zwerge wieder zufriedener werden. Dadurch, daß ich sie mit meinem Aufmerksamkeitslicht und Herzenswärme wahrnehme und durchdringe, haben sie den von ihnen gewünschten neuen Boden erhalten. Ich rechne damit, daß ich noch lange mit dieser Zwergenschar verbunden bleibe.

An spirituell ausgerichteten Orten, Tagungshäusern, Landwirtschaften usw. konnte ich schon häufiger Elementarwesen erleben, die von Menschen durchdrungen sind. Die jeweiligen Menschen müssen das nicht bewußt erleben, es reicht hier die liebevolle, offene Aufmerksamkeit.

Diese Elementarwesen auf Menschengrund haben oft eine starke Verbindung zu dem Zeitgeist Michael und erhalten Kräfte von diesem. Insoweit gibt es michaelische Elementarwesen. Ich verstehe das so: Wenn wir Menschen in Freiheit Träger der Erde werden, dann haben wir Michael im Rücken, der seine Kraft zur Verfügung stellt.

Wie hoch der Anteil der auf Menschengrund stehenden Elementarwesen an der gesamten Naturelementarwelt ist, kann ich nicht sagen. Es gibt ganze Regionen, wo ich nichts Derartiges erlebe. Aber liegt das an der Region oder einfach nur an meinen begrenzten Wahrnehmungsmöglichkeiten und kurzen Eindrücken? Hier zu einer fundierten Einschätzung zu kommen ist die Aufgabe für ein Forschungsprojekt, das auf mehr Schultern verteilt sein müßte. Den Elementarwesenkönigen und dem Riesen von Lubenicke scheint der Anteil jedenfalls viel zu gering zu sein.

Alltägliches Zusammenwirken

Bei der Krisensitzung und dem Gespräch mit dem Riesen ging es um die große Linie. Wie kann ich mir das in das Kleine denken? Welche Erfahrungen habe ich mit dem alltäglichen Zusammenwirken von Mensch und Elementarwesen gemacht?

Verbinden mit einem Ort

Das seelische Verbinden mit einem Ort oder Haus ist ein Verbinden mit den Elementarwesen. Wenn ich zum Beispiel in mein Büro komme, dann werde ich von den dortigen Elementarwesen begrüßt. Und ich fühle mich zu Hause.

Als gebürtiger Allgäuer geht mir das auch mit dem Allgäu so. Jedes Mal, wenn ich in das Allgäu fahre, werde ich von den dortigen Elementarwesen empfangen. Diese strömen in meine Aura und mein Herz. Ich kann meistens nicht einzelne Elementarwesen unterscheiden, es ist ein Gesamteindruck.

Um an einem Ort anzukommen, suche ich gerne ein großes leitendes Elementarwesen, einen Erdmeister oder einen Pan. Wenn ich mich mit diesem verbinde, verbinde ich mich gleichzeitig mit dem Ort. Wenn ich das nicht so mache, dann dauert es Tage, bis ich mich heimisch fühle.

Prägen von Orten

Auch wenn wir es uns dessen nicht bewußt sind, wir prägen laufend die Elementarwesen von Orten und Räumen. Für mich ist es sehr eindrücklich, wenn ich in fremde Wohnungen eintrete. Wie unterschiedlich können die Atmosphären sein und wie gut passen sie meistens zu den Bewohnern! Dieses Zusammenpassen erklärt sich dadurch, daß die menschlichen Bewohner die Elementarwesen der Wohnung prägen, entsprechende neue anziehen oder vorhandene vertreiben.

Ich habe schon oft bemerkt, daß die Stimmung letztlich nicht von der äußeren Gestaltung abhängt. Es gibt die Schöner-Wohnen-Wohnungen, perfekt eingerichtet mit Blumen und offenem Buch auf dem Tisch und dennoch eine Stimmung der Leere und Verlassenheit. Die äußere Gestaltung allein reicht nicht aus, um eine dichte Elementarwesenbevölkerung zu erzeugen. Die Gestaltung muß auch vom Herzen erfüllt sein.

Frappierend sind die Elementarwesen an verschiedenen Arbeitsorten. Die unterschiedlichen Stimmungen in einem Amtsgericht, Kaufhaus, einer Bäckerei, Schlosserei oder einem Bauernhof sind gewaltig. Man kann leicht und deutlich erleben, wie durch die jeweiligen Arbeiten im Laufe der Jahre entsprechende Elementarwesentypen gezüchtet wurden.

Diese Prägung des Ortes wirkt natürlich zurück. In einer Schreinerei helfen entsprechende Zwerge beim Sägen und Hämmern mit. An der Universität helfen Mathewesen den Studenten beim Rechnen. Die Prägung von Orten wurde von Rupert Sheldrake eindrücklich untersucht. Er spricht von morphogenetischen Feldern. (2)

Begrüßen

Mein Schlüssel zur Elementarwelt war das Begrüßen. Das Begrüßen ist ein großes Geheimnis. Es bedrückte mich lange, daß ich mich nicht regelmäßig in die elementarische Wahrnehmung bringen konnte. Dann fiel mir auf, daß ich ja auch nicht jeden Tag an die Elementarwesen denke und diese begrüße. Wenn ich nicht einmal das mache, warum sollte ich sie wahrnehmen können? Also begann ich mit einer täglichen Begrüßungsmeditation und führte sie über Monate durch. Ich bildete mir nacheinander für die Erd-, Wasser-, Feuer-, Luft- und Christwesen möglichst konkrete Vorstellungen, bis ein Gefühl entstand, und dann begrüßte ich diese Gruppe. Ich achtete besonders darauf, daß der Gruß echt und vom Herzen getragen ist. Für mich hatte das großartige Wirkungen. Es wurden die ersehnten Brücken in die Elementarwelt gebaut. Gleichzeitig war es eine Reinigung von blockierenden Glaubenssätzen. Durch dieses tägliche herzerfüllte Begrüßen von Elementarwesen, die ich überhaupt nicht erlebte, kamen viele verborgene Zweifel, Unglauben, Unzufriedenheit in verschiedensten Varianten aus den Seelentiefen an die Oberfläche. So hatte ich die Möglichkeit, mich von diesen emotionalen und mentalen Blockaden freizumachen.

Danken, Sprechen, Füttern, Putzen

Ich machte aus dem Begrüßen eine Meditationsübung. Es geht aber auch ganz schlicht. Jeden Tag einmal ein Gedanke wirkt Wunder: *Liebe Wohnungswesen, geht's euch gut? ... Ich fahre für zwei Tage weg, paßt gut auf euch auf. ... Ich schlafe jetzt bald ein, liebe Elementarwesen der Landschaft, laßt mich ein.*

Wer regelmäßig mit den Elementarwesen in einer natürlichen Art spricht, hin und wieder »danke« sagt, sie vielleicht in das Tischgebet mit einbezieht, der tut sehr viel. Die Elementarwesen erleben das alles. Und bestimmt ändert sich dadurch das Empfinden der Wohnung, des Gartens, des Stadtteiles. In diesen feinen Empfindungsänderungen wirken die Elementarwesen. Das ist schon Kommunikation mit Elementarwesen. Es müssen nicht so ausgefeilte Geschichten sein, wie ich sie in diesem Buch erzähle.

Ein sehr schöner Brauch ist das Füttern der Elementarwesen. Man gibt ihnen zum Beispiel auf einem kleinen Tellerchen einen Happen vom Mittagessen. Das ist ein wunderbares Dankeschön und Einbeziehen!

Unliebsame Tätigkeiten kann man retten, wenn man die Elementarwesen einlädt: *Liebes Wohnungswesen, saug doch mit, es gibt bestimmt nicht nur Staub, sondern auch viel Astralmüll, der weg sollte. ... Liebe Nixen, wie lustig das Wasser hier im Waschbecken den Dreck von den Tellern spült! Wollt ihr mitwaschen?*

Durchlichtung

Ich habe mich oft gefragt, wie es für die Elementarwesen ist, wenn sie menschliche Aufmerksamkeit erhalten. Ich meine, für die Elementarwesen ist es ein ähnliches Erlebnis wie der Sonnenaufgang für uns Erdenmenschen. Es wird hell, wir werden erwärmt, und das ganze Leben ändert sich. Wie würden die Tage verlaufen, wenn die Sonne nicht mehr aufginge?

Ich erlebe die Aufmerksamkeit als einen ätherischen Kraftstrom, der das geistige Licht des Ichs und dessen Engel trägt. Auf ein Elementarwesen kann man nicht von außen draufschauen, wie es bei Sinnesgegenständen möglich ist. Elementarwesen kann man nur durchdringen, sich mit ihnen vereinigen. Das Elementarwesen ist danach ein anderes als zuvor. Es hat eine neue Substanz erhalten. Es hat die Lichtkraft der Aufmerksamkeit und die Wärme des menschlichen Herzens erhalten. Die Elementarwesen werden auch dann durchlichtet, wenn der betreffende Mensch seine Erlebnisse nicht so fein im Bewußtsein greifen kann, daß er deutlich ein Elementarwesen erlebt. Für uns Menschen ist der Unterschied zwischen dem Denken und Glauben an Elementarwesen und dem deutlichen Wahrnehmen von Elementarwesen sehr groß. Für die Elementarwesen ist das nur ein kleiner Unterschied. Für sie ist es wichtiger, daß sie Herzens- und Aufmerksamkeitskräfte erhalten. Das ist ihr Sonnenaufgang.

Elementarwesenrettungsdienst

Immer wieder treffe ich Elementarwesen, die Hilfe benötigen.

Eine meiner ersten bewußten Begegnungen mit einem Naturelementarwesen war die mit einem großen Erdwesen in Kempten-Lenzfried. Beim Spazieren hatte ich bei einer alten Rotbuche neben dem jetzigen Golfplatz immer ungute und bedrückende Gefühle; zwanzig Meter davor nicht und zwanzig Meter danach auch nicht. In der äußerlich sichtbaren Landschaft gab es dafür keinen Grund.

Das erlebte ich über ein Jahr lang, habe mich aber nicht weiter darum gekümmert. In einer Geomantiefortbildung bekam ich dann methodische Anregungen, und bei einem der nächsten Spaziergänge dachte ich mir, das schaue ich mir einmal genauer an. Ich ging seelisch beobachtend in die ungute Stimmung hinein und fand ein uraltes, verhutzeltes etwa fünf Meter großes Erdwesen. Es wirkte, als ob es sich den Bauch hielt und sich unter starken Schmerzen krümmte. Offensichtlich bat mich dieses Erdwesen um Hilfe und hatte schon seit langem versucht, auf sich aufmerksam zu machen. Ich war damals noch sehr unerfahren. Mir war aber klar, es bedurfte Herzenskraft. Um das Problem zu lösen, ist es am besten, wenn ich an die Ursache herankomme.

Etwa eine halbe Stunde beschäftigte ich mich meditativ mit dem Erdwesen und versuchte, seinen Seelenraum mit meinem Herzen systematisch und bis in jede Ecke zu durchstrahlen. Das fühlte sich an wie ein Durchgraben, wie ein Auflockern von Festsitzendem. Nach und nach wurde mir klar, daß es sich um festsitzende Ängste, Todesängste handelte, die das Erdwesen blockierten. Und mir viel es wie Schuppen von den Augen: Zu Napoleons Zeiten hat auf dieser Wiese ein Gefecht mit Dutzenden Toten stattgefunden. Unter der Rotbuche steht sogar noch ein Gedenkstein. Als mir dieser Zusammenhang klar wurde, hatte ich das Empfinden, daß ich nun den Seelenraum des Erdwesens mit dem Herzen ganz durchdrungen hatte. Ich sah es imaginativ wieder an und war sehr überrascht: Vor mir stand ein junger, aufrechter und von Kraft strotzender Kerl! Und so steht er heute noch und kümmert sich um die Wiesen und Hügel.

In Bochum in einem kleinen Park fand ich einmal über einem umgestürzten Baum einen verzweifelten Faun. Dieser hatte offensichtlich nicht mitbekommen, daß sein Baum nun am Boden liegt oder war von dem plötzlichen Umkrachen des Baumes während eines Sturmes überrascht worden. Er hing nun verzweifelt in der Luft und wußte nicht aus noch ein. Er war emotional steckengeblieben.

Herzliche Anteilnahme, gutes Zureden und Beruhigen reichten in diesem Fall schon aus. Der Faun konnte sich von seinem Ort und seiner früheren Aufgabe verabschieden. Am nächsten Tag kontrollierte ich es noch einmal. Er war weg. Sicherlich hat er von einem Pan einen neuen Baum zugewiesen bekommen.

Auf einem Bauernhof bei Rosenberg kontaktierte ich ein leitendes Erdwesen, das in der Hofzufahrt fokussiert ist. Dieses hatte einen schönen goldenen Lichtglanz. Dieses Erdwesen kam erfreut auf mich zu und behauptete, mich zu kennen. Ich fragte, wieso denn? Ja, es sei doch bei der Elementarwesenbegrüßung in Dornach bei Basel dabeigewesen, die ich vor einigen Wochen in einem Meditationskurs angeleitet hatte. Bei einer solchen Begrüßung habe ich immer das Gefühl, daß viele Elementarwesen dabei sind. Ich kann diese aber nicht einzeln unterscheiden. Offensichtlich spricht es sich herum, und Elementarwesen kommen auch von weit angereist. Für diese ist das kein Problem, Elementarwesen leben ja nicht im Raum. Das Erdwesen wechselte sofort das Thema und hatte ein starkes Anliegen. Ich solle zu den Güllegruben hinter dem Stall gehen, dort sei etwas zu tun! Zwischen den Güllegruben fand ich einen Wassermann, dem es offensichtlich schlechtging. Abgemagert und lustlos blickte er mich im Seelischen traurig an. Ich kümmerte mich um ihn, gab ihm Kraft und fühlte mich durch ihn durch. Es wurde klar, daß er durch starke Streitereien und soziale Spannungen, die es vor einigen Jahren auf dem Hofe gab, blockiert wurde. Schon allein durch die Anteilnahme und das Herausfinden des Problems löste sich dieses. Der Wassermann heiterte auf, und ich sah ihn in die Güllegrube springen und hinuntertauchen.

In Leipzig trat ich in einen kleinen Hinterhof und fand dort einen großen Wassermann. Die Hausbesitzerin erzählte mir dann, daß sie im Keller lange Zeit Probleme mit Wasser und Feuchtigkeit hatten. Zwei Geomanten fanden unter der Kellerdecke einen eingeklemmten Wassermann. Dieser war durch frühere Baumaßnahmen in eine ungünstige Situation gekommen. Die Geomanten hatten den Wassermann in den Hof verpflanzt, um ihn in eine freie Situation zu bringen. Beim ersten Mal hat es nicht geklappt. Es mußte mehrmals nachgearbeitet werden. Um es dem Wassermann gemütlicher zu machen, wurde im Hinterhof ein kleines sprudelndes Wasserbecken errichtet. Seither haben die Wasserprobleme im Keller aufgehört, berichtete die Hausbesitzerin weiter.

Es ist also möglich, daß Naturelementarwesen seelisch eingeklemmt oder traumatisiert werden. Sie können dann nicht mehr richtig arbeiten und bleiben hängen. Das ist möglich, wenn Naturelementarwesen mit starken menschlichen Gefühlselementalen konfrontiert werden, wie z. B. mit der Todesangst der sterbenden Soldaten oder bei einem zerfleischenden Familienstreit. Auch mit den Elementarwesen nicht abgestimmte Baumaßnahmen können zu Problemen führen. Mir ist verständlich, daß menschliche Eingriffe zu Blockaden führen können. Wieso das auch durch ein Naturereignis möglich ist, wie bei dem Faun des umgestürzten Baumes, das ist mir noch unverständlich. Der Elementarwesenrettungsdienst ist eine wichtige Aufgabe, die wir Menschen zu erfüllen haben. Bei den Elementarwesen gibt es auch einen Menschenrettungsdienst. Manche große Elementarwesen sind fast nur damit beschäftigt, menschlichen Seelenmüll und verkrustete Gedankenformen zu entsorgen.

Psychotherapie mit Elementalen

Ich glaube, daß die Wiederentdeckung der Elementarwesen für die Psychotherapie eine große Hilfe sein könnte. Moderne psychotherapeutische Richtungen beschreiben die Persönlichkeit des Menschen eigentlich als eine Schar von Elementalen, nehmen aber andere Worte und sagen zum Beispiel Seelenanteile, innere Familie oder Schemen. Therapieformen wie die psychodynamisch-imaginative Traumtherapie (PITT) nach Luise Reddemann oder die Katatym imaginative Psychotherapie arbeiten direkt an den Elementalen. Mit dem Wissen um die Elementarwesen würde das alles noch verständlicher und bekäme eine begriffliche Fundierung.

Ein zentrales Problem seelischer Erkrankungen ist, daß der Patient sich mit der Erkrankung identifiziert. Wenn über eine krankhafte Angst immer als Angstelemental gesprochen würde, dann wäre es für alle sicherlich leichter, die Angst vor sich zu bringen und als eigenständige Wesenheit anzusprechen, an deren Erlösung man mithelfen kann. Allein der Gedanke, daß die menschliche Persönlichkeit eine Versammlung von Elementalen ist, ist schon heilend, da er Freiraum für das menschliche Ich schafft.

Zusammenarbeit beim Volksentscheid

Wenn ich so über das konkrete Zusammenleben mit den Elementarwesen nachdenke, dann kommt mir Hamburg in den Sinn. Beim Volksentscheid für ein »Faires Wahlrecht in Hamburg« habe ich zum ersten Mal erlebt, daß eine Zusammenarbeit auch bei großen gesellschaftspolitischen Prozessen möglich ist. Heute ist es selbstverständlich, daß bei Kampagnen folgende Aufgaben erfüllt werden müssen: Argumentation, Organisation, Pressearbeit, Finanzen, Infomaterial und Motivation der ehrenamtlichen Mitarbeiter/innen, usw. In meinen Augen sollte diese Liste ergänzt werden durch die Aufgabe: Kooperation mit der Elementar- und Engelwelt.

Am 13. Juni 2004 wurde in Hamburg ein Stück Demokratiegeschichte geschrieben. In einer Volksabstimmung stimmten 256.507 Hamburgerinnen und Hamburger (66,5%) für ein neues Wahlrecht. Erstmalig beschlossen in Deutschland die Bürger selbst die Entstehungsbedingungen des Parlaments. Ein gewaltiger Souveränitätsakt!

In Hamburg hatten sich die Parteien durch das Wahlrecht ihre Herrschaft abgesichert wie sonst nirgends. Bei der Bürgerschaftswahl hatte der Wähler nur eine einzige Stimme für eine landesweite und starre Parteiliste. Die Parteien bestimmten deshalb durch die Listenaufstellung alleine, wer in den Landtag einzieht. Die Abgeordneten waren mehr von ihrer Partei abhängig als von den Bürgerinnen und Bürgern und kümmerten sich deshalb auch mehr um ihre Partei. Der Fraktionszwang wirkte hundertprozentig. Auf diese Weise bildete sich in Hamburg im Laufe der Jahrzehnte eine verkrustete und abgehobene Parteienlandschaft aus.

Das erfolgreiche Volksbegehren »Faires Wahlrecht« führte nun Wahlkreise ein, so daß aus den Stadtteilen je nach Größe zwischen drei bis fünf Direktkandidaten gewählt werden. Und bei der Listenwahl haben die Wähler auch mehrere Stimmen, so daß sie die Kandidaten einzeln bestimmen und gewichten können (Kumulieren und Panaschieren). Diese Regelungen stärken die Unabhängigkeit der Abgeordneten von den Parteien.

Das Volksbegehren wurde von den Vereinen »Mehr Bürgerrechte, Mehr Demokratie«, dem »Omnibus für Direkte Demokratie« und weiteren Bürgerinitiativen gestartet. Mit diesem Erfolg war die Geschichte nicht zu Ende. Denn die regierende CDU tat alles, um den Volksentscheid wieder zurückzudrehen. Über viele Jahre mußte weiter für ein faires Wahlrecht und die direkte Demokratie in Hamburg gekämpft werden.

Engelwirken im gesellschaftlichen Leben

Jeder Mensch wird von einem Schutzengel begleitet, der hinter ihm steht und ihn stützt und stärkt. Es gibt auch Engel, die sich um ganze Menschengruppen kümmern. Das sind die Erzengel. Die Zeitgeister oder Archai tragen die Impulse eines Zeitalters für die ganze Menschheit.

Mich beschäftigte lange die Frage, wie Engel im Sozialen wirken. Zunächst war es eine theoretische Beschäftigung, dann zunehmend auch eine praktische. Dabei pflegte ich die Seelenstimmung, mich von den Impulsen der Engel leiten zu lassen. Das wurde zu einer unverzichtbare Kraft- und Inspirationsquelle.

Von 1992 bis 1995 war ich für die Organisation des Volksbegehrens »Mehr Demokratie in Bayern« verantwortlich. Damit wurde in Bayern der Bürgerentscheid in den Gemeinden und Städten eingeführt. Nachdem ich mit dem Projekt über einige Monate innerlich umgegangen war, erlebte ich wiederholt in der Meditation, daß sich der Gedanke an das Volksbegehren in einer tieferen Schicht in eine Heerschar von Engeln verwandelte, die wie Posaunen schreiend, schön und kraftvoll vom Himmel strömten. Dieses Erlebnis hatte eine starke Wahrheits-Evidenz und war im Erleben viel wirklicher als das Erleben der materiellen Welt. Es brachte mir die Gewißheit, daß dieses Projekt von der Engelwelt unterstützt wurde. Dieses tiefe Erlebnis brachte mir auch die Verpflichtung, mit vollem Einsatz beizutragen, daß das Volksbegehren gelingt. Also gab ich mich ganz dieser Aufgabe hin. In den folgenden Jahren stand ich seelisch in diesem Engelerlebnis. Dieses nährte mich und war meine größte Motivationsquelle.

Die Schirmherrschaft Michaels

Ich dachte mir, daß auch das Hamburger »Volksbegehren für ein Faires Wahlrecht« nur gelingen kann, wenn es von der geistigen Welt unterstützt wird. Dies trug ich immer im Bewußtsein, und ich bat um Mithilfe. Angesichts der Zielrichtung, der ehrlichen Motivation und Herzenskraft des Menschenkreises, der das Volksbegehren trug, war ich überzeugt, daß es die Unterstützung der Engelwelt hat.

Zur Erfahrung wurde mir dies – nach bald zwei Jahren Beschäftigung mit diesem Projekt – erst beim Start der Eintragungsfrist des Volksbegehrens im September 2003. Das Volksbegehren muß von über 70 000 Wahlberechtigten unterschrieben werden, damit es zum Volksentscheid kommt.

Am ersten Tag der zweiwöchigen Sammelfrist berührt mich, als ich morgens das Volksbegehren meditiere, ein Geist, durchweht mich kurz. Ich erkenne ihn wieder, es ist der Zeitgeist Michael. Michael ist der Engel, der sich um die Freiheit des Menschen kümmert. Nach meiner Erfahrung nimmt er nur direkten Kontakt mit Menschen auf, wenn man sich ihm nähert, sich erhebt und wenn es einen gewichtigen Grund gibt. Michael erlebe ich wie ein Gesicht, hinter dem höhere Wesenheiten stehen, die nicht direkt zu sehen sind, sondern durch Michael durchscheinen. Diese Berührung ist eine sehr kurze. Aber sie ist mit einem evidenten Wahrheitserleben begleitet. In seinem Auftreten spricht sich gleichzeitig sein Name aus. Er hat eine besondere machtvolle Kraft in einer unverwechselbaren Färbung, die durch nichts erschüttert werden kann, da sie aus sich selbst besteht. Überpersönlich lenkt er die Welt. Die Botschaft ist, daß das Volksbegehren unter seiner Obhut steht und es deshalb gelingen kann und gelingen wird – wenn wir Menschen unseren Teil auch dazu tun. Wir sind natürlich alle sehr angespannt. Ob wir in den kommenden 14 Tagen die notwendigen 70 000 Unterschriften sammeln können?

Tatsächlich gelingt dies! Wir erleben eine im Laufe der zwei Wochen zunehmende Offenheit, Freundlichkeit und Bereitschaft der Menschen zu unterschreiben. Und insbesondere ist das Wetter auf unserer Seite. Wir haben – trotz Hamburg! – immer Sonnenschein. Nur am letzten Tag der Eintragungsfrist regnet es. Doch zu diesem Zeitpunkt sind schon an die 80 000 Unterschriften zusammen. Das Regenwetter hält dann lange Zeit an. Hätte es eine Woche früher eingesetzt, dann wären unsere Sammelergebnisse in den Keller gesunken, und wir hätten das Volksbegehren mit Sicherheit verloren. Im Regen kann man nicht auf der Straße sammeln, die Menschen bekommen schlechte Laune und sind nicht so ansprechbar wie im freundlichen Sonnenschein. So wurden wir von einem guten Geist behütet!

Der Pan und der Wassermann

In der Zeit zwischen dem Volksbegehren im September 2003 und dem Volksentscheid im Juni 2004 eröffnen sich mir neue Zugänge in die Elementar- und Geistwelt. Und so reift in mir der Entschluß, daß ich mich aktiver als bisher um eine Kooperation bemühen sollte. Genauso wie ich mich am Telefon um die Anwerbung von ehrenamtlichen Flugblatt-Verteilern kümmere, will ich mich auch um die Mitarbeit der Elementarwelt kümmern. Doch wie macht man das? Ich bin hier noch sehr unerfahren. Auf alle Fälle ist es richtig, den Engeln und Elementarwesen von dem Volksbegehren zu erzählen und sie um Mitarbeit zu bitten.

Pfingsten 2004 verbringe ich mit Agnes in Wohlers Park in Hamburg-Altona. Auf diesem ehemaligen Friedhof gibt es einen großen, bedeutenden Baum, der von einem Pan als Fokus gewählt wird. Als Pan bezeichnet man nach altem Wortgebrauch ein leitendes Elementarwesen, das für die Baum- und Pflanzenwelt eines größeren Bereiches zuständig ist. Wenn ich mich meditativ mit diesem Baum verbinde, dann erlebe ich nicht nur den Baum, sondern bin mit einem größeren Bereich verbunden. Deshalb wähle ich den Pan, um ihm mein Anliegen vorzutragen. Das ist natürlich nicht einfach. Zum einen muß ich mich dem Pan nähern, eine gute Verbindung aufbauen und gleichzeitig das Anliegen verständlich vorbringen. Und ich kann es nicht in Worten sagen, denn Elementarwesen verstehen keine Worte, sie verstehen nur das Gefühl und die Bedeutung, die in den Worten liegt. Also versuche ich nichtsprachlich dem Pan das Anliegen des Volksbegehrens vorzutragen und ihn um eine energetische Unterstützung zu bitten. Nach etwa einer Stunde Herantasten mache ich eine Pause – in der Empfindung, noch nicht fertig zu sein.

Im zweiten Versuch erlebe ich den Pan deutlicher und kann offen mein Anliegen vortragen. Da senkt sich eine Energie wie ein Schutzmantel um und in den Pan. Das ist Michael, der dem Pan Schutz und Unterstützung für diese Aufgabe gewährt! Zufrieden beende ich die Meditation. Ich weiß nun, daß auch dem Volksentscheid die Unterstützung von Michael zufließt! Mir stellt sich aber die Frage, warum ich zunächst den Pan ansprechen mußte, bevor Michael sich einmischte? Warum instruiert er nicht von sich aus den Pan? Offensichtlich wartet er auch hier auf eine Bitte, ein Entgegenkommen von Menschen, bevor er aktiv wird. Die Engelwelt läßt die Menschen völlig frei und wartet geduldig, bevor sie mithilft.

Am Nachmittag sind wir außerhalb Hamburgs bei Elmshorn. Zufällig begegne ich an der Krückau einem großen Wassermann. Ich wundere mich über die Leichtigkeit der Kontaktaufnahme und versuche, diesen Wassermann energetisch mit dem Pan in Verbindung zu bringen. Ich schlage dem Wassermann vor, daß er die Wasserwesen Hamburgs von dem bevorstehenden Volksentscheid unterrichten könnte.

An der Elbe nehmen Agnes und ich danach einen Wärmestrom in Richtung Hamburg wahr. Die Elbe ist die Öffnung Hamburgs zur Welt. Über dem Wasser und entgegen der Fließrichtung ziehen ätherische Wärme und Lockerung Richtung Hamburg.

Da ich mir nicht sicher bin, was ich weiter tun kann, frage ich bei Wolfgang Schneider, einem in Hamburg erfahrenen Geomanten nach. Er macht mich darauf aufmerksam, daß man Elementarwesen unbewußt etwas aufzwingen und sie dann in dieser Aufgabe fesseln kann. Man sollte ihnen das Anliegen also freilassend vortragen, so daß sie selbst sehen können, was sie tun wollen. Und er empfiehlt mir, ein leitendes Erdwesen und ein leitendes Wasserwesen aufzusuchen. Dazu komme ich aber nicht mehr, da ich Hamburg verlasse und zum Beuys-Symposium nach Wangen im Allgäu fahre, wo ich ein Seminar zu leiten habe.

Joseph Beuys wirkt mit

Joseph Beuys (1921–1986) wird von der Kunstgeschichte als der bedeutendste deutsche Künstler in der zweiten Hälfte des 20. Jahrhunderts angesehen. Er hat den Kunstbegriff erweitert und auf die Gesellschaft und die Lebenswelt des Menschen bezogen. Zur Arbeit an der »Sozialen Skulptur« ist die Volksabstimmung notwendig, an der jede und jeder gleichberechtigt mitwirken kann.

Joseph Beuys gründete 1971 die »Organisation für Direkte Demokratie durch Volksabstimmung« mit Büro in Düsseldorf, 1972 installierte er das Büro auf der internationalen Kunstausstellung documenta 5 in Kassel und sprach 100 Tage mit den Besuchern über den »Erweiterten Kunstbegriff« und die direkte Demokratie. Joseph Beuys war damit einer der wichtigsten Impulsgeber für die Idee der Volksabstimmung und Inspirationsquelle für viele Menschen, die sich noch heute für die direkte Demokratie aktiv einsetzen.

In unregelmäßigen Abständen fanden Beuys-Kongresse statt. Am 1. Oktober 1995, dem Tag des erfolgreichen Volksentscheids »Mehr Demokratie in Bayern«, tagte das Beuys-Symposion in Kranenburg.

Am 27. September 1998 fand zeitgleich mit dem Beuys-Kongreß in Kassel der Volksentscheid »Mehr Demokratie in Hamburg« statt. Der Beuys-Kongreß in Bochum befand sich in der zeitlichen Mitte des erfolgreichen Volksbegehrens »Mehr Demokratie in Thüringen«, das in viermonatiger Frist von fast 400 000 Menschen unterschrieben wurde. Das Beuys-Symposion 2003 war in der Anfangsphase des sechsmonatigen Volksbegehrens »Mehr Demokratie in Südtirol«. Und das Beuys-Symposion 2004 findet nun eine Woche vor dem Volksentscheid »Faires Wahlrecht in Hamburg« statt.

Auf der einen Seite trafen sich also mehrere Hundert Menschen, um im Gedenken an Joseph Beuys neue künstlerische und soziale Impulse zu schaffen. Damit erhielt Beuys einen besonderen Kraft- und Aufmerksamkeitsstrom durch uns Menschen. Auf der anderen Seite fanden zeitgleich in der Gesellschaft große Ereignisse statt, in denen die Bevölkerung selbst die direkte Demokratie errang. Die direkte Demokratie wurde hier nicht von oben von den Parlamenten eingeführt oder verbessert, sondern von der Bevölkerung selbst. 1995, 1998 und 2004 fanden die Beuys-Symposien zu den Volksentscheiden statt, an denen tatsächlich entschieden wurde – nicht an den vorausgehenden einleitenden Volksbegehren. In Thüringen kam es jedoch nur zum Volksbegehren, der Volksentscheid wurde juristisch verboten, das Parlament setzte dann aber vieles um. Der entscheidende Vorgang war also das Volksbegehren im Herbst 2000. Auch in Südtirol war das Volksbegehren 2003 die entscheidende Phase der Willensbildung in der Bevölkerung, da es hier vom Gesetz her zu keinem Volksentscheid kommt.

Angesichts dieses erstaunlichen zeitlichen Gleichklanges drängt sich der Eindruck geradezu auf, daß Joseph Beuys an diesen Vorgängen der Selbstergreifung der Bevölkerung in der direkten Demokratie mitwirkt.

Dies bestätigt sich mir. Ich kann beginnend mit dem Beuys-Symposion 2004 bis zum Volksentscheid am 13. Juni 2004 erleben, wie dieser Vorgang von Joseph Beuys aufmerksam beobachtet wird. Ich erlebe ihn über die ganze Welt ausgebreitet, vom weiten Rund der physischen Welt herblickend und durch sein Herblicken den Vorgang des Volksentscheides stützend und fördernd. Um in diese Wahrnehmung von Beuys zu kommen, sehe ich panoramaartig die physische Welt an und stimme mich innerlich auf die Ebene der Verstorbenen und dann speziell auf Beuys ein. Dies funktioniert, da sich Beuys als Toter nicht mehr im seelischen Gebiet aufhält, sondern gereinigt im geistigen Universum lebt und sich damit zur Innenseite der physischen Welt erhoben hat, die er im Zusammen- und Ineinanderklang mit weiteren Toten bildet.

Hamburg wird ätherisch aufgeladen

Am 7. Juni fahre ich mit dem Zug wieder nach Hamburg und bin gespannt, was mich in der Woche bis zum Volksentscheid am 13. Juni erwartet. Ich nütze die Zugfahrt zu einer längeren Meditation. Für mich ganz überraschend erlebe ich deutlich das elementare Gebiet Hamburgs. Es kommt regelrecht auf mich zu. Es reicht eben nicht aus, daß man sich auf ein geistiges Wesen oder Thema konzentriert, sondern dieses muß auch auf einen zukommen, damit ein intensives Erleben möglich wird. Man kann im Geistigen nicht »auf Befehl«, d.h. nur durch den eigenen Willen, etwas wahrnehmen, sondern es bedarf auch eines aktiven Interesses von der geistigen Welt an einer Wahrnehmung, damit die Wahrnehmung zustande kommt.

Ich erlebe, wie der elementare Raum Hamburgs mit lichten, warmen Wesen angefüllt ist, die vom Himmel herabströmen. Zunächst denke ich, es sind Engel. Es sind aber keine, sondern engelähnliche Elementarwesen und sie begleitende Ätherkräfte. Das ist ein lichtes und freudiges Treiben! Um einen Irrtum auszuschließen, versuche ich, andere Städte ähnlich anzublicken. Diese sehen anders aus, sind in der Wahrnehmung weiter entfernt und nicht so eindrucksvoll. Der elementare Raum, den ich erlebe, ist also tatsächlich Hamburg. Was bereitet sich hier im Feinstofflichen nur vor?

Am folgenden Morgen, am 8. Juni, ist es in Hamburg überwältigend! Die Sonne scheint, und ich laufe staunend durch die Straßen und erlebe alles erfüllt von freudig, freundlich, warmen Ätherkräften. So etwas habe ich noch nie erlebt! Diese Ätherkräfte haben einen besonderen Charakter. Sie fühlen sich objektiver, geläuterter an als sonstige Ätherkräfte. Alles ist voll. Ich laufe wie durch Watte. Und besonders überrascht mich, daß ich diese Energie mit einer unterstützenden Information für das Volksbegehren imprägniert erlebe.

Ich kann es kaum glauben! Füllt die geistige Welt zur Unterstützung eines Volksentscheids eine ganze Stadt mit wohlwollenden Ätherkräften an? Ist das wirklich wahr, oder beginne ich zu spinnen? Ich fahre in einem Bus an der S-Bahn Holstenstraße vorbei. Davor steht ein mittelgroßes Feuer-Elementarwesen, zu dem ich schon öfter Kontakt hatte und vergleichsweise leicht Zugang finde. Im Vorbeifahren frage ich es, ob das wirklich wahr sei, daß die geistige Welt Hamburg ätherisch auflädt? Das Feuerwesen blinzelt mir zurück, das stimme schon. Es hat aber kaum Zeit zu antworten, da es selbst mit der Verteilung dieser Ätherkräfte beschäftigt ist und alle Hände voll zu tun hat.

Am »Omnibus für Direkte Demokratie« in Altona sagt mir dann Regine, daß sie eine Sonnenbrille suche, damit sie die Venus-Sonnenfinsternis sehen könne. Da wird mir einiges klarer. Heute von 7.20 Uhr bis 13.20 Uhr geht der Planet Venus genau zwischen Erde und Sonne hindurch. Ein seltenes Ereignis, das nur etwa alle 130 Jahre auftritt. Die Venusenergie bündelt sich mit der Sonnenenergie, die ätherische Aufladung steht offensichtlich in einem größeren planetarischen Zusammenhang.

Der störrische Erdmeister

Den Tag über verteile ich Flugblätter. Ich bin froh, draußen zu sein und mich so mit der Stadt zu verbinden. Am Nachmittag fahre ich zum Michel, die Kirche über dem Hafen, die als Wahrzeichen der

Stadt Hamburg gilt. Ich will das Erd-Elementarwesen besuchen, das dort sein Zentrum hat und mir von Wolfgang empfohlen wurde. Ich umrunde die Kirche. Schnell finde ich das Wesen.

Eine weitere Überraschung! So ein großes Erdwesen habe ich noch nie erlebt. Es ist fast so groß wie die Kirche selbst! Die erste eher äußerliche Wahrnehmung gelingt schnell. Schwieriger wird es, näher in ihn hineinzukommen. Nach etwa einer halben Stunde Meditation geht es dann doch. Ich versuche, das Erdwesen zu begrüßen und ihm mein Anliegen vorzutragen. Doch das will gar nicht so richtig gelingen. Denn das Erdwesen übernimmt das Gespräch und zeigt mir, daß es schon uralt ist, viele Tausend Jahre. Als es entstanden war, gab es Hamburg noch nicht, damals war hier gar kein Festland, sondern Meer. Ich frage nach, wann es denn geboren wurde, und anhand der Empfindungen und Bilder, die mir das Erdwesen zeigt, habe ich den Eindruck, daß es in der atlantischen Zeit entstanden ist. Ich frage weiter nach, wie es denn geboren wurde. Es zeigt mir zwei engelähnliche Wesen, die über dem Wasser nebeneinander fliegen. Dann wenden sich beide dem Wasser zu und machen einen gegenläufigen Kreis. In dem Augenblick, als sie aneinander vorbeifliegen, entsteht das Erdwesen. Es ist aber noch sehr klein. Erst im Laufe der Jahrtausende hat es seine heutige Fülle erworben.

Nun erlebe ich immer stärker die Ausdehnung des Erdwesens. Es ist gewaltig. Ich komme mir selbst wie eine Fliege vor, die auf einem Elefanten sitzt. Der Einfluß dieses Erdmeisters reicht über Hamburg hinaus.

Ich versuche nun wieder, auf mein Anliegen zu kommen, und will ihm den Volksentscheid vortragen. Der Erdmeister ist aber nicht interessiert und spricht (natürlich nicht in Worten): »Ich bin uralt und riesengroß und verwalte die Erdmassen seit Jahrtausenden. Und was willst du: Wahlrecht? Was ist denn das für ein Menschenzeug? Wahlrecht? Ich habe nichts mit solchem Kleinkram zu tun. Ich bin ein Erdmeister und uralt.«

Natürlich, was soll ein Elementarwesen mit Volksentscheid und Wahlrecht anfangen. Das ist eine menschliche Begrifflichkeit und paßt gar nicht in die Lebenswelt eines Elementarwesens. Ich nehme einen weiteren Anlauf. Ich bitte den Erdmeister auf den inneren Impuls des Volksbegehrens zu blicken. Es sei ein Schritt auf dem Weg der Menschen zum Freiheitswesen. Im Zentrum des Volksbegehrens stehe insoweit Christus. Ich gebe mein Bestes und denke mit Engelszungen. Doch ich erreiche den Erdmeister nicht. Ich gebe schon fast auf. Da tritt eine überraschende Wendung ein. Die Substanz des Erdmeisters wird mit einer mir schon bekannten Energie durchdrungen. Ich erlebe, wie Michael den Erdmeister durchweht und ihm offensichtlich mitteilt, daß der Wahlrechts-Volksentscheid von ihm beschirmt werde, der Volksentscheid im Sinne der fortschreitenden Erdentwicklung sei. Michael zieht sich wieder zurück.

Nun endlich ist mit dem Erdmeister zu sprechen. Als ob nichts gewesen ist, nimmt er mein Anliegen entgegen. Doch als es darum geht, wie er den Volksentscheid unterstützen könnte, stockt es wieder. Er sei Verwalter der Erdwesen. Was solle er denn bei einem Volksentscheid machen? Ich versuche, ihn zu ermuntern. Er sei doch groß und einflußreich, da werde ihm bestimmt etwas einfallen. Doch unlustig bleibt er dabei, er sei ein Erdwesen und verstehe nichts von Volksentscheiden. Mir wird klar, daß ich ihn etwas mehr anstoßen sollte. Er könnte doch an alle Erdwesen Hamburgs die Anregung geben, daß diese die Menschen anstupsen. Dies könnte im Denken erfolgen oder durch eine Empfindung oder indem zum Beispiel ein Blick auf ein Plakat gelenkt wird. Möglichkeiten gäbe es doch viele. Was die Menschen dann daraus machten, das sei deren Angelegenheit und Verantwortung. Ein Anstupsen sei aber erlaubt und hilfreich. Das sieht der Erdmeister dann auch so.

Die Reinigung

Am nächsten Morgen weckt uns ein gewaltiges Gewitter. Es donnert, stürmt und regnet wie aus Kübeln. Plötzlich wird es stockdunkel. Hat jemand die Sonne ausgeschaltet? Geht die Welt unter? Ich schaue aus dem Fenster. Kaum zu glauben: Eine pechschwarze düstere Wolke zieht vorüber. So eine dunkle Wolke habe ich noch nie gesehen. Die Zeitungen schreiben später von »Monster-Gewitter«, das über 2000 Bäume entwurzelt. Der Anblick der schwarzen Wolke wirkt, wie wenn Hexen von dannen ziehen und Hamburg verlassen. Hat die ätherische Aufladung Hamburgs mit der Venusenergie und die Mitarbeit der Elementarwesen dazu geführt, daß alte, blockierende Gedankenmuster und Gefühle losgelassen wurden und davonzogen und der kollektive Seelenraum Hamburgs damit von elementaren Hexen gereinigt wurde?

Die Elementarwelt bittet um Hilfe

Mich treibt eine Sorge: Muß ich nun mit jedem Elementarwesen so sprechen wie mit dem Erdmeister? Muß jedes einzeln gebeten werden? Ich bin davon ausgegangen, daß die Elementarwesen eine Einheit bilden und miteinander in Verbindung stehen und daß es ausreicht, wenn man mit einem in Kontakt tritt. Doch der Erdmeister hat eine Sonderansprache benötigt – wer braucht das noch? Heute ist Mittwoch, am Sonntag ist Volksentscheid, und solche Begegnungen sind für mich sehr anstrengend, mehr als zwei oder drei Stunden am Tag schaffe ich nicht.

Ich gehe nach meinem täglichen Flugblattverteilen an die Elbe zu einem Neptun, der als leitendes Wasserwesen zumindest für den inneren Bereich der Stadt Hamburg zuständig ist. Diese Begegnung besänftigt meine Sorge. Nach einer längeren Einstimmung versuche ich, ihm das Anliegen des Volksentscheides vorzutragen. Doch er ist schon wohlinformiert und längst für den Volksentscheid tätig. Ich hätte ja auch schon mit seinem Kollegen an der

Krückau gesprochen. Ich frage ihn, wie er denn für den Volksentscheid wirke. Als Wasserwesen wasche er die Seelen und trage Bedenken und Ängste, die in den Seelen gegenüber dem Volksentscheid wie Stacheln sitzen, weg.

Ich frage den Neptun, ob es denn noch Elementarwesen in Hamburg gäbe, die noch nicht mitwirken und die Hilfe benötigen. Er führt mich daraufhin zu einem großen Feuerwesen. Dieses ist sehr frustriert und verbittert. Ich frage, wo es denn sein Zentrum habe. Die Richtung, aus der ich es erlebe, ist Südwesten, ich kann aber nicht genau erleben wo. Also gehe ich verschiedene Ortsteile durch und bekomme bei »Wilhelmsburg« eine positive Resonanz.

Ich fühle mich in das Feuerwesen ein und öffne mich seinem Kummer. Es ist total frustriert wegen des Egoismus und der Aggressivität der Menschen, mit denen es zu tun hat. Ich nehme seinen Kummer an und versuche, ihn zu trösten und zu erklären, daß der Egoismus die Wachstumshürde der Menschen ist. In der Überwindung des Egoismus findet eine Selbsterhöhung zum Freiheitswesen statt, und das sei das Ziel der Erdentwicklung, und deshalb sei der Egoismus ein notwendiger, wenn auch bitterer Zwischenschritt. Ich habe den Eindruck, daß das Feuerwesen an der Anteilnahme etwas gesundet.

Dies ist eine sehr deutliche Fernbegegnung. In der elementaren Welt kann man sich in Gedanken überall hinbewegen. Nachher stelle ich fest, daß Wilhelmsburg nicht im Südwesten, sondern im Süden liegt. Mein Richtungsempfinden und meine Ortsabfrage stimmten nicht überein. Diese Unstimmigkeit kann ich nicht klären.

Danach verbinde ich mich mit einem großen Luftwesen und habe den Eindruck, daß hier alles in Ordnung und keine weitere Ansprache nötig ist.

Wie hat es sich beim Erdmeister weiterentwickelt? Ich gehe noch einmal zum Michel. Beim Erdmeister scheint auch alles gut zu laufen. Er ist freundlich. Ich frage den Erdmeister, ob er von anderen Elementarwesen weiß, die noch nicht beim Volksentscheid mitwirken und die Hilfe benötigen? Er lenkt meine Aufmerksamkeit über die Straße in Richtung einer Baumgruppe. Wie weit soll ich denn gehen? Es sei ganz nah. Ich überquere die Straße. Es müßte auf diesem Spielplatz sein. Oh je! Ich finde ein mittelgroßes Erdwesen, das ganz leidend und verwundet in den Seilen hängt. Ich suche den Kontakt zu ihm und erlebe, daß dieses Erdwesen im Herzen gebunden ist – mit einer schwarzen Substanz, die es ganz handlungsunfähig macht. Mir wird schnell klar, daß es sich hier um eine von Menschen bewußt herbeigeführte Bindung handelt und daß dies kein leichter Fall sein wird. Ich beende und verschiebe es auf morgen.

Kraftmeditation auf den Volksentscheid

Am Abend besuchen wir eine Channeling-Veranstaltung. Ein Medium will Erzengel Michael channeln. Ich habe noch nie ein Channeling besucht und will mir einen Eindruck verschaffen. Im Saal sind über 200 Menschen, fast nur Frauen. Zur Einstimmung findet ein Gespräch statt. Ich frage nach der Unterstützung von Michael zum Volksentscheid. Das Medium greift das auf und schlägt eine gemeinsame Energiemeditation vor.

So meditieren nach der Pause über 200 Menschen mehrere Minuten auf den Erfolg des Volksbegehrens. Dies ist ein sehr kraft- und würdevoller Augenblick, der weit über den Saal ausstrahlt. Auch andere Teilnehmerinnen bestätigen nachher, daß dies der stärkste Moment der Veranstaltung war. Mir wurde durch dieses Erlebnis noch einmal klar, wie wichtig die gemeinsame Meditation und das Gebet bei politischen Aktionen ist! Dies ist eines der stärksten Mittel, die uns zur Verfügung stehen.

Zu dem Channeling noch eine Anmerkung, da Michael in der bisherigen Schilderung auch auftauchte. Nach langem Durchforschen und Durchfühlen der Erlebnisse dieses Abends komme ich zu dem Ergebnis, daß es sich nicht um Erzengel Michael handelt, sondern um einen Toten, der früher als Guru oder fähiger Heiler gelebt hat, aber im Nachtodlichen nicht in das Universum aufgehen (das heißt zur Welt werden), sondern sich in einem eigenen Bereich halten wollte. Er nährt sich von den Verehrungskräften, die ihm durch die Channelings entgegenkommen. Der Tote gibt sich als Michael aus, da er damit mehr Gehör findet. Da ich mich stark auf das Channeling eingelassen hatte, konnte ich erleben, wie dieser Tote sich in meiner Aura im Rücken festzusetzen versuchte, und ich mußte ihn liebevoll und mit einiger Mühe wieder von dannen befördern. Natürlich gibt es auch viele wahre Channelings. Es hängt von der Verfassung und den Sicherheitsmaßnahmen des Mediums ab.

Ringen mit einem Schwarzmagier

Am nächsten Tag, Donnerstag 10. Juni 2004, gehe ich wieder zu dem Kinderspielplatz beim Michel, um mich dem verletzten Erdwesen zu widmen. Ich habe zwei widersprechende Empfindungen. Zum einen Sorge vor der Aufgabe, zum anderen fühle ich mich dem Erdmeister verpflichtet. Warum hat er mir nur diese Aufgabe gestellt? Offensichtlich kann er hier selbst nichts machen und meint, daß ich diese Aufgabe lösen könnte. Da bin ich mir aber gar nicht so sicher. Aber ich will den Erdmeister nicht enttäuschen, und das verletzte Erdwesen tut mir auch leid.

Ich finde es so wie gestern. Es ist leidend und verkrümmt und im Herzen mit einer schwarzen Substanz gebunden. Ich weiß überhaupt nicht, mit was ich es hier zu tun habe. Ich frage das Erdwesen, was ihm denn passiert sei und warum? Mit weinerlicher Stimmung antwortet es, es wüßte auch nicht warum es verhext wurde. Es habe ihn einfach getroffen, bloß weil er mit diesem Platz verbunden sei – ein tragischer, willkürlicher Schicksalsschlag.

Ich konzentriere mich auf diese schwarze und sehr unangenehme Substanz und mühe mich lange mit ihr ab. Aber sie ist für mich geistig undurchdringlich. Ich kenne ahrimanische Wesen, die eigentlich ein Unwesen sind und im Zusammenwirken mit den luziferischen Wesen den Egoismus im Menschen begründen. Wenn man diese ahrimanischen Wesen in Liebe durchdringt, dann kann man sie befreien, und sie sind regelrecht froh darüber. Denn sie haben sich als Widerstand, der für die Entwicklung des Menschen zum kosmischen Freiheitswesen notwendig ist, geopfert. Diese schwarze Substanz hängt irgendwie damit zusammen, ist aber doch ganz anders. Ahrimanische Wesen kann man geistig durchdringen, aber hier komme ich nicht hinein. Es ist die geistig härteste Materie, die ich bislang erlebt habe. Das hört sich vielleicht merkwürdig an, denn diese schwarze Substanz ist materiell ja gar nicht sichtbar. Es ist eine »geistige Materie«. Jeder sichtbare Stein ist dagegen wie Luft!

Allmählich wird mir klar, womit ich es zu tun habe. Ich habe es hier nicht mit einem normalen Bösen zu tun, sondern mit einer Steigerung des Bösen, mit einem bewußten Bösen. Das Böse, der Egoismus, wirkt normalerweise aus der Bewußtseinsdunkelheit und ist deshalb gar nicht wirklich böse, da gar kein bewußter menschlicher Entschluß zum Bösen vorliegt. Aber hier habe ich es mit dem Ergebnis eines bewußten menschlichen Entschlusses zum Bösen zu tun. Zum ersten Mal erlebe ich, was dabei herauskommt: undurchdringliche, auf ewig gebundene, schwarze, todbringende Schlacke. Wir Menschen haben im Nullpunkt unserer Abgeschnittenheit vom Universum die Freiheit, die Materie zu durchlichten oder noch weiter zu verdichten. Ich verstehe jetzt, was Rudolf Steiner meint, wenn er davon spricht, daß am Ende der Erdentwicklung ein »unverbesserlicher Mond« abgesondert werde, während die Erde sich vollständig vergeistige. Hier habe ich es schon mit einem Stück dieses »unverbesserlichen Mondes« zu tun.

Aber stimmt es wirklich, daß diese Substanz geistig nicht zu transformieren ist? Ich versuche es noch einmal und gehe mit meiner Herzenskraft an diese Substanz heran. – Es ist nichts zu machen. Vielleicht kann in Zukunft noch etwas herausgepreßt werden? Es wird eine unserer großen Zukunftsbeschäftigungen sein, solche schwarze Klumpen auszupressen, um den »unverbesserlichen

Mond« möglichst klein zu bekommen. Aber ich komme damit nicht weiter.

Wer hat dieses Zeug nur geschaffen? Wo kommt es her? Ich konzentriere mich auf die Herkunft und kann von der Substanz wegführend einen schwarzen Energiestreifen sehen, der offensichtlich zu dem Urheber führt. Ich versuche, diesem Energiestreifen zu folgen, was aber nicht befriedigend geht.

Wie kann ich dem Erdwesen nur helfen? Auch wenn ich das Zeug nicht transformieren kann, vielleicht kann ich es aus dem Erdwesen herauslösen? Ich versuche gedanklich die Substanz von dem Erdwesen zu trennen. Da ich nicht weiß, wie das geht, rufe ich Engel zur Hilfe, und tatsächlich erlebe ich bald engellichte Energie, die diese schwarze Substanz umgibt und einpackt, so daß sie frei schwebend und transportabel wird. So weit bin ich nun, aber wo soll ich dieses Zeug nur hinschicken? Ich kann doch niemanden mit so einem Zeug belasten? Wohin damit? Plötzlich habe ich ein Gorleben-Endlager-Problem am Hals. Warum belaste ich mich damit überhaupt? Soll doch dieser Schwarzmagier sein schwarzes Zeug zurückbekommen! Und so schicke ich die in Engelslicht eingepackte Substanz in die Richtung des Magiers. Das ist nicht so einfach, denn ich erlebe es immer noch verhaftet mit dem Erdwesen. Ich konzentriere mich auf den Vorgang.

Da kommt eine Frau mittleren Alters mit Rucksack auf den Spielplatz und setzt sich etwa drei Meter von mir entfernt auf eine Bank. Sie ist offensichtlich ohne Wohnsitz und drogenabhängig. Ihr Gesicht ist verhärmt und mit Ausschlag entstellt. Durch die Ohren hat sie jeweils ungefähr 15 Sicherheitsnadeln stecken. Sofort blafft sie mich mit lauter und aggressiver Stimme an. Ich solle sofort »aufhören zu denken!« Und ich sei ein »Arschloch« und die »Scheiße klebe mir noch im Gesicht« usw. Ich nicke ihr freundlich zu, gehe ein paar Meter weg und versuche, mich wieder auf meinen Substanztransport zu konzentrieren. Sofort fängt die Frau wieder zu brüllen an, ich solle zu »denken« aufhören. Und wenn ich das nicht sofort mache, dann würde ich eine »Spritze in den Hintern« bekommen. Sie sei drogenabhängig und wisse, wie das gehe. Und in diesem Stile geht es weiter. Ich sehe ein, daß ich nicht mehr weiterarbeiten kann, verabschiede mich und verlasse den Platz.

Jetzt habe ich den Ärger am Hals, den ich befürchtete! Dieser Schwarzmagier hat natürlich sofort mitbekommen, daß ich mich an seinem Zeug zu schaffen mache und das Elementarwesen zu befreien versuche. Unvorsichtigerweise habe ich ihm sein Zeug sogar noch zurückgeschickt. Und dann veranlaßt er diese Frau, zu mir zu kommen und mich zu beschimpfen, ich solle aufhören »zu denken!«. Deswegen hat mich noch nie jemand beschimpft. Den Menschen ist es eigentlich immer völlig egal, ob ich denke oder nicht. Wie bringt dieser Schwarzmagier diese Frau zu ihrem Auftritt? Ich habe keine Ahnung, wie so etwas geht. Er ist bestimmt sehr hellsichtig, da er meine Interventionen sofort bemerkte. Erschöpft gehe ich nach Hause.

Am nächsten Tag, Freitag 11. Juni 2004, besuche ich nach meinem Flugblattverteilen wieder das Elementarwesen. Meine gestrige Aktion ist ja unvollendet. Das läßt mich unbefriedigt. Ich stelle fest, daß das Elementarwesen tatsächlich noch nicht ganz befreit ist. Das schwarze Zeug ist gelockert, aber noch nicht ganz weg. Ich leite wieder einen Transport ein und sende wohlwollende, deeskalierende Gedanken in die Richtung des Schwarzmagiers. Ich wolle nur das Elementarwesen befreien... ich habe das jemandem versprochen, und wenn ich etwas verspreche, dann muß ich es auch machen... er interessiere mich gar nicht... er solle machen was er wolle...

Ich will nicht zu viel Aufmerksamkeit auf mich ziehen und mache nur eine kurze Aktion. Diesmal bleibe ich ungestört. Ich habe den Eindruck, daß der Transport abgeschlossen ist.

Warum beschäftige ich mich so lange mit diesem schwarzen Zeug? Ist das wirklich für den Volksentscheid wichtig? Ob das Erdwesen handlungsfähig ist oder nicht, kann nicht entscheidend sein, denn es ist kein sehr großes Wesen. Aber vielleicht stimmt es die anderen Elementarwesen Hamburgs wohlwollend, wenn sie miterleben, daß sie von Menschenseite Hilfe bekommen bei Bedrohungen, denen sie nicht gewachsen sind. Auf alle Fälle ist es eine Bitte des Erdmeisters. Und wenn ich das nicht von Herzen ernst nehme, dann merkt er das schon, was dann auch seine Auswirkung hat.

Am nächsten Tag bemerke ich, daß ich in der Aura gegenüber dem Schwarzmagier doch noch geöffnet bin. Die Sache ist noch nicht abgeschlossen. Ich fühle mich beobachtet. Versuchsweise denke ich in Richtung Schwarzmagier, und sofort kommt giftige Substanz zurück. Ei, ei, ei! Das geht ja schnell. Der Schwarzmagier ist anscheinend noch ziemlich sauer, daß ich mich einmische.

Ich schiebe es wieder weg, merke aber, daß es nicht geht. Ich muß mich stellen. Aber wie soll ich das denn nur machen? Ich muß mich mit Kräften verbinden, die ebenbürtig sind. Das ist nur Christus, das Welten-Ich. Also bitte ich Christus um Unterstützung, versuche mich innerlich ganz rein im Herzen und im Denken zu fassen, warte bis ich mich von Christus ergriffen fühle und entsprechende Energie in meiner Aura auftaucht und schicke dem Schwarzmagier Ströme von Liebe. Ich schütte ihn zu mit Wohlwollen und Liebe! Und dabei denke ich an ihn.

»... Warum machst du das nur? ... Weil du dir einen Machtzuwachs erhoffst? ... Diesen Machtzuwachs erhältst du auch. ... Aber weißt du denn nicht, wo das hinführen wird? ... Letztlich wirst auch du so wie diese schwarze Schlacke enden und vom kosmischen Entwicklungsgang ausgeschlossen und ausgeschieden werden. ... Erstarrt als schwarze Schlacke bis in alle Ewigkeit. ... Bis dahin wird es dir vielleicht gut gehen. ... Doch hast du das Ende klar vor Augen? ... Über dieses Ende sprechen die Geister nicht, mit denen du dich verbündet hast! ... Das versuchen sie zu vertuschen, obwohl sie es wissen. ... Sie brauchen dich, damit möglichst viel schwarze Schlacke entsteht. ... Denn diese entsteht nur, wenn Menschen in freier Tat diese erzeugen. ... Doch zuletzt wirst auch du schwarze Schlacke! ...«

In diesem Stil denke ich frontal und möglichst massiv auf ihn ein, immer eingehüllt in Wohlwollen und Liebe. So geht es viele Stunden bis zum Abend. Es findet ein regelrechter Ringkampf statt. Von ihm kommt eine andere Energie zurück, die mich aber nicht angreift, sondern die ich mit meiner Energie durchdringe und aufzuheben versuche.

Nach einiger Zeit bemerke ich, daß ich doch angreifbar bin. Und zwar in der Aura am Rücken in der hinteren Herzgegend. Allmählich wird mir klar, was zu tun ist. Den geistigen Raum, den ich meditativ immer durch die Ergreifung des Ichs im Denken schaffe, kann ich über das Herz herunterziehen. Damit wird das Herz unangreifbar. Um mich herum erlebe ich nun eine Art Federmantel. Ich habe den Eindruck, daß ich damit geistig fast überall unverletzt hinschreiten könnte, solange ich mich in dieser inneren Verfassung halte.

Zum Schluß bemerke ich, daß von dem Schwarzmagier keine Kraft mehr kommt. Ich wünsche ihm alles Gute und höre auf und habe nun den Eindruck, daß diese Geschichte abgeschlossen ist.

Ich weiß nicht, wie der Schwarzmagier die Begegnung erlebte. Ich vermute, daß ihm so etwas nicht oft geschieht. Auf alle Fälle war sein Tun in der Zeit des Volksentscheids in einem gewissen Umfang neutralisiert. Ich vermute, daß die von ihm ausgehende Energie Hamburg beeinflußt. Er ist als Person wahrscheinlich im Hintergrund, spielt energetisch aber eine Rolle. Vielleicht ist er gar nicht inkarniert, sondern wirkt aus dem Totenreich.

Am Sonntag, 13. Juni 2004, dem Tag der Volksabstimmung, besuche ich noch einmal das Erdwesen am Spielplatz. Es scheint mir ganz in Ordnung, und, für mich überraschend, hat es auch so einen Federmantel an.

Der Sonntag ist der Tag des Wartens. Alles läuft ruhig. Das Wetter ist freundlich und einladend. Wir haben Sorge, ob die Wahlbeteiligung hoch genug sein wird, um die 20 % Zustimmungsklausel zu überwinden. Es wird auch knapp. Doch letztlich paßt alles gut zusammen. Wir jubeln und feiern. Die CDU-Politiker sind zerknirscht und können die Welt nicht mehr verstehen.

Zusammenschau

Für mich war die Woche vor dem Volksentscheid angefüllt mit geistigen Erlebnissen in einer herausragenden Dichte und Intensität; wie ein Geschenk des Himmels. Ich habe mein Möglichstes getan, die gestellten Aufgaben geistesgegenwärtig zu lösen. Nach diesen Erlebnissen kommt es mir immer unsinniger vor, politische Aktionen ohne Einbeziehung der geistigen Ebenen durchzuführen. Und besonders deutlich wird mir, wie wichtig die Pflege der Elementarwelt ist – das ist die Menschenaufgabe der Zukunft!

In der Zusammenschau kommen alle wichtigen Ebenen zusammen:

Christus und die mit ihm verbunden Toten, die das geistige Universum bilden; der Rahmen, in dem alles stattfindet.

Die lichte und überpersönliche Engelwelt, die alles durchdringt. Die Engel warten auf die Anrufung durch uns Menschen, bevor sie ihre Kräfte zur Verfügung stellen.

Die fleißigen und treuen Helfer der vielfältigen Elementarwelt, die die Kleinarbeit machen. Sie benötigen Hilfe von uns Menschen.

Die ätherische Kräftewelt, die von den Engeln und Elementarwesen verwaltet und von den Planeten geprägt wird.

Die Widersacherwesen, die, wenn sie nicht durch Menschenliebe erlöst, sondern in bewußter Menschentat weiter verdichtet, zu undurchdringlicher schwarzer Schlacke werden.

Unsere Verantwortung als Menschen für die Zukunft der Erdentwicklung mit den beiden Entwicklungspolen Vergeistigung (Soziale Skulptur) oder Verschlackung (unverbesserlicher Mond).

Die sozialen Vorgänge in der Menschenwelt, die von allen diesen Ebenen beeinflußt werden.

Das heutige intellektuelle Bewußtsein, das von alledem nichts weiß.
Die Herzen der Menschen, die in der Tiefe alles wissen.

Ich stelle mir natürlich die Frage, ob die beschriebenen Aktivitäten wirklich zum Erfolg des Volksentscheids mit beigetragen haben. Man kann es natürlich nicht messen, genausowenig wie man die Wirkung einer einzelnen Werbemaßnahme messen kann.

Am Tag nach dem Volksentscheid gehe ich noch einmal zu dem Pan im Wohlers Park und lehne mich an seinen gewaltigen Baum, der sein Zentrum bildet. Ich lebe mich allmählich in ihn hinein, öffne mein Herz, fasse mich selbst in einem meditativen Zustand, danke den Elementarwesen von Herzen für die gute Zusammenarbeit und bitte den Pan, diesen Dank an die anderen Elementarwesen Hamburgs weiterzuleiten. So verweile ich einige Zeit. Plötzlich bemerke ich, wie der Pan den Dank verbreitet und er mich dabei gleich mitnimmt. Innerlich breite ich mich mit ihm über die Baum- und Pflanzenwelt eines großen Teils von Hamburg aus. Der Pan besteht aus geistigen Bahnen, die in alle Richtungen strömen und so leitend und regulierend wirken. Erfreut ziehe ich mich wieder zusammen und weiß nun, daß dieser Versuch einer aktiven Kooperation mit der Engel- und Elementarwelt abgerundet ist.

Wenn ich so auf die Hamburger Erlebnisse zurückblicke, dann fällt mir folgendes auf: Der Riese von Lubenicke machte eindringlich klar, daß die Zukunft der Natur-Elementarwesen davon abhängt, wie die Menschen sich entwickeln. Wenn die von den Menschen produzierten Widersacherelementale die Überhand gewinnen, dann werden die Natur-Elementarwesen mit in das Verderben gezogen. Dieses Thema war in Hamburg mit der schwarzen Schlacke und dem blockierten Erdwesen vom Spielplatz auch schon präsent. Die dramatische Dimension dieses Zusammenhanges wurde mir aber erst jetzt klar.

Ja, das sind so meine Erfahrungen, die ich bisher mit den Elementarwesen gemacht habe. Was haben andere erlebt und herausgefunden? Ich zünde die Gaslaterne an und hole aus dem Zelt eine Kiste mit Büchern. Das ist ein Teil meiner Büchersammlung zum Thema Elementarwesen, die ich eingepackt habe.

Was sagt die Elementarwesenforschung?

In der Geistesforschung geht es um Kommunikation genauso wie in jeder anderen Wissenschaft. Qualität entsteht erst durch Vergleich und Austausch. Ich bin immer sehr neugierig zu erfahren, was andere mit Elementarwesen erlebt haben und welche Zusammenhänge sie gefunden haben. Wer hat bisher zu Elementarwesen geforscht? Was steht in diesen Büchern zum Verhältnis von Mensch und Elementarwesen? Ich breite die Bücher vor mir aus.

Die Bücher von Verena Staël von Holstein ergeben einen hohen Stapel. Die frühere Computerprogrammiererin lebt in einer alten Mühle und übte seit ihrer Kindheit den Kontakt mit Elementarwesen. Seit 2000 dokumentiert sie ihre Gespräche mit den Elementarwesen ihrer Mühle. Diese haben sich für die Kommunikation mit Menschen selbst auch ausgebildet, und so kann Frau Staël von Holstein differenzierte Interviews führen. Ihre Bücher sind eine Fundgrube der Elementarwesenforschung. Ihre Elementarwesen sind sehr kontaktfreudig. Inzwischen gibt es mehrere Arbeitskreise, die Fragen aus der Medizin, Therapie oder Landwirtschaft im Austausch mit den Elementarwesen der Mühle bearbeiten.

Zum Verhältnis von Menschen und Elementarwesen schildert Verena Staël von Holstein: *Ohne die Naturwesen könnten wir gar nicht existieren. Die gesamte Erde würde ohne ihr Wirken zugrundegehen. Sie schaffen unermüdlich im Werden und Vergehen der Natur: in der kleinsten Pflanze wie auch den großen Klimazusammenhängen. Die Naturwesen sind in den weisheitsvollen Gesamtzusammenhang der Natur eingebunden. Und damit sie im Sinne dieser Weisheit wirken konnten, stand an der Spitze ihrer Hierarchie immer ein Engelwesen bzw. ein Wesen einer höheren Hierarchie, das sie gewissermaßen anleitete und führte. Sie wirkten im Sinne dieser höheren Weisheit.*

Heute aber verlagert sich die Verantwortung der Engel Schritt für Schritt auf die Menschen. Die Menschen sind für die Natur verantwortlich, sie müssen sich um die Erde und die Natur kümmern. Und sie sind für ihre eigenen Gedanken, Gefühle und Taten verantwortlich, mit denen sie ständig neue Wesen erzeugen. Dieser Verantwortung können die Menschen aber nur gerecht werden, wenn sie mit den Naturgeistern zusammenarbeiten, wenn sie von ihnen und ihren Aufgaben wissen. Und die Naturgeister brauchen diese Zusammenarbeit, damit sie ihre Aufgaben zum Wohl der Erde und der Menschheit erfüllen können.

Man kann die heutige Situation der Naturgeister mit der Arbeit in einer Firma vergleichen, die keine vernünftige Führungsspitze mehr hat. Weil die neue Führung sich ihrer Aufgabe nicht bewußt ist, wird es für die Naturgeister immer schwieriger, ihre Aufgaben zu erfüllen, denn sie sind eigentlich so strukturiert, daß sie angeleitet werden wollen. Die Naturgeister möchten bestätigt wissen, ob das, was sie tun, auch richtig ist. Sie möchten wissen, ob ihr Schaffen noch geeignet ist, die Welt zu erhalten. Und nun kommen die Naturgeister und fragen: »Mache ich es richtig, Chef?« Aber der Chef weiß nicht einmal, daß es sie überhaupt gibt. (3)

Rudolf Steiner, der Begründer der Anthroposophie, ist ein Pionier der Geistesforschung. In den 354 Bänden seiner Gesamtausgabe finden sich die differenziertesten Beschreibungen zu allen Gebieten der übersinnlichen Welten. (4) Steiners Anliegen war, Fundamente der Geistesforschung zu legen, so daß sich diese als Kulturimpuls in einer Breite und Genauigkeit wie die Naturwissenschaft entfalten. Steiner selbst war hochgradig hellsichtig und gleichzeitig philosophisch und wissenschaftlich gebildet und bemühte sich in allen seinen Darstellungen, Hellsichtigkeit und wissenschaftliche Genauigkeit zu vereinen. Zum Thema Elementarwesen gibt es verstreut in seinem ganzen Werk Aussagen. 354 Bücher sind sehr gewichtig, deshalb habe ich die Steiner-Gesamtausgabe auf einer Festplatte, die vom Rudolf Steiner-Archiv herausgegeben wurde. Diese bekomme ich in meinen Aktenkoffer. Ich öffne nun die Gesamtausgabe und suche mir einige wichtige Stellen zusammen, die speziell das Verhältnis Mensch und Elementarwesen behandeln.

In dem Vortrag vom 12. April 1909, abends in Düsseldorf (GA 110), befaßte sich Rudolf Steiner mit der Verzauberung und Erlösung von Elementarwesen. Kurz zusammengefaßt kommt er zu folgenden erstaunlichen Ergebnissen:

Materie entstehe dadurch, daß Elementarwesen von höheren Hierarchien vom Feuer in Luft, dann in Wasser und dann in Erde verzaubert werden. Durch weisheitsvolles, empfindendes, inneres Durchdringen der Sinneswahrnehmungen erlöse der Mensch diese Elementarwesen von ihrer Verzauberung. Durch dumpfes Anglotzen der Welt lasse der Mensch die Elementarwesen in ihrer Verzauberung. Die erlösten Elementarwesen könnten nach dem Tod des Menschen in ihrem ursprünglichen Zustand verbleiben, die unerlösten Elementarwesen müßten mit dem Menschen wieder in ihrer Verzauberung erscheinen.

Nacht entstehe dadurch, daß Elementarwesen von höheren Hierarchien vom Tag in die Nacht verzaubert werden. Durch schaffenskräftiges, fleißiges, produktives Leben erlöse der Mensch die Nacht-Elementarwesen von ihrer Verzauberung. Durch Trägheit lasse der Mensch die Elementarwesen in ihrer Verzauberung. Die erlösten Elementarwesen könnten nach dem Tod des Menschen in ihrem ursprünglichen, höheren Tag-Zustand verbleiben, die unerlösten Elementarwesen müßten mit dem Menschen wieder in ihrer Verzauberung erscheinen.

Der Jahreslauf entstehe dadurch, daß Elementarwesen des Sommers im Winter gefesselt werden. Durch religiöses Erleben des Jahreslaufes erlöse der Mensch diese Elementarwesen von ihrer Winterverzauberung. Durch Geist- und Gottlosigkeit lasse der Mensch diese Elementarwesen in ihrer Verzauberung. Die erlösten Elementarwesen könnten nach dem Tod des Menschen in ihrem Sommerzustand verbleiben, die unerlösten Elementarwesen müßten mit dem Menschen wieder in ihrer Fesselung erscheinen.

Die Erlösung von Elementarwesen geschieht nach Steiner also durch weisheitsvolles, empfindendes, inneres Durchdringen der Sinneswahrnehmungen, schaffenskräftiges, fleißiges, produktives Leben und durch religiöses Erleben des Jahreslaufes.

Im Vortrag vom 28. Mai 1922 in Dornach (GA 212) formuliert Steiner genau die Besorgnis des Riesen von Lubenicke. Wenn wir Menschen nicht zu einem Erleben und einer Erkenntnis konkreter geistiger Wesenheiten in der Welt kämen, dann würden die Elementarwesen der Erde, des Wassers und der Luft Ahriman verfallen und die Elementarwesen des Lichtes und des Äthers Luzifer. Damit wäre die Erdenzukunft bedroht.

Am 28. September 1923 schildert Rudolf Steiner in Wien (GA 233) zusammengefaßt, daß die Elementarwesen der Natur immer in den Menschen einströmten. Sie erwarteten vom Menschen eine Erlösung. Dies könne der Mensch, wenn er eine Gemütsbeziehung zu den Elementarwesen aufbaue. Die Widersachergeister, die Drachen, die im Menschen leben, dürsteten auch nach den Elementarwesen. Wenn der Mensch die Elementarwesen ganz den Drachen überlasse, dann sei die Erde dem Verfall anheimgegeben. Geistig wirke sich dies heute in materialistischem Denken, seelisch durch Feigheit und körperlich durch Bazillen aus. Das sind deutliche Worte!

Rudolf Steiner befaßte sich auch sehr viel mit den menschenerzeugten Elementalen und die Möglichkeiten der Widersachergeister, diese zu prägen. Diese Schilderungen machen die Sorgen des Riesen von Lubenicke noch verständlicher.

Unsere aurischen Ausstrahlungen zögen jeweils verwandte Elementarwesen an, die auf uns einwirken und unser Leben beeinflussen. (GA 194, Dornach, 6. Dezember 1919)

Durch das freiwillige Zusammenstrahlen von Gefühlen würden Menschengemeinschaften hohe freilassende Gruppen-Wesenheiten anziehen. Bliebe ein Mensch in der Vereinzelung, so entwickele er sich selbst zu einem bösartigen Elementarwesen. (GA 102, Berlin, 1. Juni 1908)

Wir Menschen würden folgende Widersacherelementale erzeugen: Phantome durch Lügen und Verleumdungen (Verhärtungen im physischen Leib), Gespenster durch schlechte Gesetze und Unfrieden im Sozialen (Verhärtungen im Ätherleib), Dämonen durch Überwältigung von anderen Seelen (Verhärtungen im Astralleib). Nach dem Tode würden diese schlechten Elementarwesen auseinanderstieben und die Welt bevölkern. (GA 102, Berlin, 4. Juni 1908)

Mitternacht ist schon vorbei. Ich habe noch viele Bücher von hellsichtigen Menschen, die mit Elementarwesen kommunizieren, dabei. (5) Diese authentischen Berichte sind alle sehr ergreifend und lehrreich. Ich muß mir eingestehen, daß eine vergleichende Auswertung dieses Forschungsmaterials ein eigenes großes Projekt ist, das ich nicht schaffen kann – morgen ist unsere Zeit in Valun zu Ende. Um es wirklich vernünftig zu machen, müßte ich ein weiteres Buch schreiben. Eigentlich wäre das auch ein schönes Thema für eine Doktorarbeit. Vielleicht kommt einmal jemand auf diese Idee.

Beim Einpacken blättere ich in dem Buch von Daphne Carters und finde folgende schöne Sätze: »Die Hauptarbeit der Elfen besteht darin, Kraft zu sammeln, um sie zum Einsatz auf der irdischen Ebene genügend zu vergröbern und sie in die Astralkörper ihrer Schützlinge auszuatmen. (...) Wenn Menschen den Wunsch hegen, einem anderen Kraft zu geben, sei es zum Heilen, zum Trösten oder zum Lieben, dann öffnen sie sich gewissermaßen, und die Kraft fließt durch sie.« (S. 23) »Für die Elfen ist Kraft Arbeit,

Nahrung, Trinken, Erholung und Liebemachen zugleich, und ihr ganzes Leben besteht aus Aufnehmen und Abgeben von Kraft in ihren verschiedenen Formen.« (S. 47)

Abreise

Der Urlaub in Valun geht heute zu Ende, und wir packen zusammen. In meiner Tasche habe ich die erste Fassung des »Plädoyers für die Rettung der Elementarwesen«. Ich habe es nach dem Frühstück noch einmal quergelesen und dabei empfunden, wie weit es von der »normalen Welt« weg ist. Welche Wirkungen wird es haben? Wird es Menschen anregen? Werden innere Taten folgen? Wird es dazu beitragen, daß die Waage des Weltenkarmas wieder in die andere Richtung ausschlägt? Werden den Elementarwesen ihre Sorgen genommen? Werden ihre Hoffnungen erfüllt?

Auf der Fähre blicke ich zurück nach Cres und auf die letzten Wochen. Ein Gewitter zieht auf. Plötzlich verschwindet die Insel. Ich sehe nur noch Nebel und Regen, und der Sturmwind bläst Nadelstiche ins Gesicht. Cres ist weg! Einfach im Nebel verschwunden!

Ja, diese intensive Zeit ist vorbei. Und ich bemerke ein starkes Ziehen in meinem Herzen und innere Wehmut. Die Elementarwesen von Cres sind mir sehr ans Herz gewachsen.

Lara, die Licht-Fee fährt mit. Den Zwerg von Beley habe ich heute früh an der Hafenmauer gefragt, was er vorhat. Er will mitkommen und freut sich auf die zukünftigen Erlebnisse. Die anderen kommen vielleicht auf Besuch, wenn ich an sie denke.

Nachwort

Ich habe die Zukunftsvision, daß das Leben mit Elementarwesen wieder kulturelles Allgemeingut unserer Zivilisation wird. Ich stelle mir das so vor: In der Schule gibt es neben Mathematik und Biologie ein Fach »Elementarwesenkunde«. In den Gemeindeverwaltungen gibt es eine Abteilung »Elementarwesenpflege«, um blockierten Elementarwesen zu helfen und die Bedürfnisse der Elementarwesen gegenüber anderen kommunalen Abteilungen und der Öffentlichkeit zu vertreten. Es wird üblich, vor wichtigen Entscheidungen eine Rücksprache mit entsprechenden Elementarwesen zu halten, genauso wie man den Rat menschlicher Fachleute einholt.

Kleine Elementarwesen werden beliebte Geburtstagsgeschenke, die man auf einem Stein oder anderen Gegenstand fokussiert übergibt. An den Universitäten gibt es eigene Lehrstühle, die sich mit Elementarwesenforschung befassen. Jährlich erscheinen Hunderte von Doktor-, Diplom- und Seminararbeiten. In verschiedenen Berufen wird das Mitwirken der Elementarwesen berücksichtigt. Ärzte und Heilpraktiker kommunizieren bei der Diagnose und Therapie mit den jeweiligen Körperelementarwesen der Patienten. Seelsorger und Psychologen kümmern sich um die Auflösung von negativ wirkenden Elementarwesen, die der Patient durch problematische Glaubensmuster und Angewohnheiten selbst erzeugt hat. Von Reinigungsfirmen wird erwartet, daß diese zusammen mit den örtlichen Elementarwesen die Gebäude putzen. Von Bauern wird erwartet, daß kräftige und glänzende Elementarwesen die Felder und Äcker bevölkern. Von Arbeitern wird erwartet, daß diese sich mit den Elementarwesen ihrer Maschinen gut stellen. Die elektronische Steuerung von Maschinen wird nach und nach durch die direkte meditative Kommunikation mit den Maschinenelementarwesen ersetzt. Von Managern wird erwartet, die Elementarwesen und Engel, die im seelisch-geistigen Raum der Unternehmensgemeinschaft leben, im Auge zu haben. So wie es heute Biogütesiegel gibt, wird es in Zukunft Elementarwesengütesiegel geben...

Diese Vision ist heute sicher noch ungewohnt und jenseits des allgemein üblichen Vorstellungsrahmens. Ich halte sie nicht nur für ganz realistisch, sondern für notwendig. Die Elementarwesen der Natur warten sehnlichst darauf, von uns Menschen bewußt ergriffen zu werden. Denn ihre zukünftige Existenz ist davon abhängig. Wir Menschen und die Elementarwesen haben ein gemeinsames Schicksal. Es geht um die »Rettung der Elementarwesen«.

Mit der Frage nach den Elementarwesen rühren wir an zwei sehr tiefgehenden Themen:

An der Frage nach der Verbindung von uns Menschen mit der Welt: Erleben wir uns mit der Welt verbunden, in ihr beheimatet und für sie verantwortlich? Oder erleben wir uns unverbunden, heimatlos und unverantwortlich gegenüber der Welt?

Und an die Frage nach unserem Selbstverständnis als Mensch: Sind wir ein geistig freies Wesen, das die Elementarwesenschar der eigenen Persönlichkeit erlebt und pflegt? Oder sind wir getrieben von Impulsen und Empfindungen, denen wir nicht ins Angesicht sehen können?

Diese Fragen kann man nicht theoretisch beantworten, nur praktisch – wenn man mit dem Weg zum Erleben von Elementarwesen beginnt.

Dafür wollen die zwei folgenden geplanten Bücher weitere Hilfestellungen geben. In den beiden Büchern »Pioniere der Zusammenarbeit mit Elementarwesen« führe ich viele Gespräche mit Menschen, die mit Elementarwesen einen bewußten Umgang haben, und frage, wie sie es machen.

Viel Glück und Freude damit! Machen Sie etwas daraus! Und denken Sie daran: Ihre elementaren Freunde sind immer um Sie herum und in Ihnen!

Anmerkungen

(1) Zur Erdwandlung gibt es einen Sammelband mit Erfahrungsberichten und Analysen von 41 Autoren. Darin befindet sich auch eine ausführliche Zusammenstellung und Bewertung der Aussagen von Steiner zur Erscheinung Christi im Ätherischen. Hans-Joachim Aderhold/Thomas Mayer (Hrsg.), *Erlebnis Erdwandlung – Berichte und Texte einer Zeitzeugenschaft*, Borchen 2008.

(2) Rupert Sheldrake, *Das schöpferische Universum. Die Theorie des morphogenetischen Feldes*, 1993.

(3) Das Zitat ist aus »Was die Naturgeister uns sagen«, *Flensburger Hefte* 79, Flensburg 2002, S. 35 ff

Von Verena Staël von Holstein sind folgende Bücher im Flensburger Hefte Verlag erschienen:

Gespräche mit Müller I: Feinstofflicher Austausch mit Geistwesenheiten, Flensburg 2002, Flensburger Hefte Verlag, ISBN 3-9356-7911-4

Gespräche mit Müller II: Feinstofflicher Austausch mit Geistwesenheiten, Flensburg 2002, Flensburger Hefte Verlag, ISBN 3-9356-7912-2

Was die Naturgeister uns sagen, Naturgeister 1, Im Interview direkt befragt, Flensburg 2002, Flensburger Hefte Verlag, ISBN 3-9356-7909-2

Neue Gespräche mit den Naturgeistern, Naturgeister 2, Flensburg 2003, Flensburger Hefte Verlag, ISBN 3-9356-7910-6

Von Rauchwesen, Wiesenwesen, Torfwesen und Maschinenwesen, Naturgeister 3, Flensburg 2004, Flensburger Hefte Sonderheft 21, ISBN 3-9356-7917-3

Fragenkompendium, Naturgeister 4, Flensburg 2004, Flensburger Hefte Sonderheft 22, ISBN 3-9356-7918-1

Liebe – Freiheit – Christuswesen, Leserinnen und Leser antworten auf die Fragen der Geistwesen, Naturgeister 5, Flensburg 2006, Flensburger Hefte Verlag, ISBN 3-9356-7932-7
Mühlengespräche 1, Metall-, Boden-, und Zeitwesen, Naturgeister 6, Flensburg 2006, Flensburger Hefte Verlag, ISBN 3-9356-7930-0
Von Ewigkeit und Lebensdunkel: Naturgeister 7, Flensburg 2006, Flensburger Hefte Verlag, ISBN 3-9356-7934-3
Gespräche mit Bäumen 1, Naturgeister 8, Flensburg 2007, Flensburger Hefte Verlag, ISBN 3-9356-7937-8
Gespräche mit Bäumen 2, Naturgeister 9, Flensburg 2008, Flensburger Hefte Verlag, ISBN 3-9356-7939-4
Gespräche mit Tieren 1, Naturgeister 10, Flensburg 2008, Flensburger Hefte Verlag, ISBN 3-9356-7944-0
Gespräche mit Tieren 2, Naturgeister 11, Flensburg 2008, Flensburger Hefte Verlag, ISBN 3-9356-7946-7
Mühlengespräche 2, Gefühle, Sternbilder, Moor und Sumpf, Naturgeister 12, Flensburg 2009, Flensb. Hefte Verlag, ISBN 3-9356-7949-1
Gespräche mit Tieren 3, Naturgeister 13, Flensburg 2009, Flensburger Hefte Verlag, ISBN 3-9356-7950-5

(4) Das Rudolf Steiner-Archiv in Dornach bei Basel hat 334 Bände (GA 1 bis 354; ca. 95.000 Buchseiten) auf einem externen HDD-Speicher herausgegeben. (www.rudolf-steiner.com)

Es gibt einige Bücher, in denen die vielfältigen Aussagen Steiners zu den Naturelementarwesen zusammenstellt und kommentiert werden:

Rudolf Steiner, *Themen aus dem Gesamtwerk 18, Geistige Wesen in der Natur*, hrsg. von Wolf-Ulrich Klünker, Stuttgart 1992, Verlag Freies Geistesleben, ISBN 3-7725-0088-9
Rudolf Steiner, *Die Welt der Elementarwesen, Ausgewählte Texte*, hrsg. von Almut Bockemühl, Dornach 2005, Rudolf Steiner Verlag, ISBN 3-7274-5371-0

Ernst Hagemann, *Weltenäther – Elementarwesen – Naturreiche: Texte aus der Geisteswissenschaft Rudolf Steiners*, 2001, Oratio Verlag, ISBN 3-7214-0585-4

Zu den menschenerzeugten Elementalen gibt es meines Wissens noch keine Zusammenstellung.

(5) Die folgenden Bücher sind weitere authentische Berichte über Elementarwesen von hellsichtigen Menschen:

Hans-Joachim Aderhold, Thomas Mayer, (Hrsg.), *Erlebnis Erdwandlung – Berichte und Texte einer Zeitzeugenschaft*, Borchen 2008, Möllmann Verlag, ISBN 3-8997-9098-7

Fritz Bachmann, *Getragen von Engeln und Elementarwesen, Die ätherischen Hüllen des Goetheanums*, Schaffhausen 2003, Oratio Verlag, ISBN 3-7214-0702-4

Erhard Bäzner, *Die Naturgeister, Aus dem Reich der Gnomen, Nixen, Sylphen, Salamander und Sturmgeister*, Grafing 2007, Aqamarin Verlag, ISBN 978-3-89427-274-6, Die Orginalausgabe dieses Buches erschien 1924.

Berthold Chales-de Beaulieu, *Meine Gartengeister, Gespräche mit Naturwesen*, Regensburg 2005, RiWei-Verlag, ISBN 3-89758-277-5

Christine Beusch, *Uns gibt es wirklich, Leben mit Elementarwesen*, Dornach 2010, Pforte Verlag,

William Bloom, *Naturgeister und Devas, Ihr Wirken im täglichen Leben*, Grafing 2001, Aquamarin Verlag, ISBN 3-89427-178-7, Titel der englischen Orginalausgabe: *Working with Angels, Fairies and Nature Spirits*, 1998

Ursula Burkhard, *Elementarwesen, Bild und Wirklichkeit*, Dornach 1998, Pforte Verlag, ISBN 3-85636-124-3

Ursula Burkhard, Karlik, *Begegnungen mit einem Elementarwesen*, Weißenseifen 1995, ISBN 3-925193-07

Daphne Charters, *Naturgeister und Menschen*, Grafing 2001, Aquamarin Verlag, ISBN 3-89427-166-3, Orginalausgabe 1956

Daskalos, Dr. Stylianos Atteshlis, *Die Esoterische Praxis*, Duisburg 1996, EDEL Druck Verlag, ISBN 3-925609-03-2

Dora van Gelder, *Im Reich der Naturgeister*, Grafing 1995, Aquamarin Verlag, ISBN 3-922936-26-9. Dies ist eine Übersetzung der Orginalausgabe: *The Real World of Fairies*. Wheaton, Ill.: Theosophical Publishing House, 1977

Anna Cecilia Grünn, Ellenlang: *Meine Reise mit den Naturgeistern durch Deutschland*, Flensburg 2009, Flensburger Hefte Verlag, ISBN 3-9356-7953-X

Tanis Helliwell, *Elfensommer, Meine Begegnung mit den Naturgeistern*, Saarbrücken 1999, Verlag Neue Erde, ISBN 3-89060-318-1

Tanis Helliwell, *Elfenreise: Eine mystische Irlandfahrt mit den Naturgeistern*, Saarbrücken 2008, Verlag Neue Erde, ISBN 3-89060-323-8

Marjorie Johnson, *Naturgeister, Wahre Erlebnisse mit Elfen und Zwergen*, Grafing 2000, Aquamarin Verlag, ISBN 3-89427-140-X, Orginalausgabe 1957

Ernst-Martin Krauss, *Holzwege, Steinwege ...: Erlebnisse mit Elementarwesen*, Flensburg 1992, Flensburger Hefte Verlag, ISBN 3-9268-4135-4

Alexa Kriele, *Naturgeister erzählen*, Seeon 1999, Ch. Falk Verlag, ISBN 3-89568-062-1

Alexa Kriele, *Von Naturgeistern lernen, Die Botschaften von Elfen, Feen und anderen guten Geistern*, München 2005, Heinrich Hugendubel Verlag, ISBN 3-7205-2593-7

Dirk Kruse, *Seelisches Beobachten in der Natur*, Groß Heins 2003, Selbstverlag

Marko Pogačnik, *Elementarwesen, Die Gefühlsebene der Erde*, München 1995, Droemersche Verlagsanstalt, ISBN 3-426-86083-X

Marko Pogačnik, *Schule der Geomantie*, München 1996, Droemersche Verlagsanstalt, ISBN 3-426-87033-9

Marko Pogačnik, *Wege der Erdheilung*, München 1997, Droemersche Verlagsanstalt, ISBN 3-426-87147-5

Marko Pogačnik, *Erdsysteme und Christuskraft, Ein Evangelium für das Menschwerden*, München 1998, Droemersche Verlagsanstalt, ISBN 3-426-86175-5

Marko Pogačnik, *Die Erde wandelt sich, Erdveränderungen aus geomantischer Sicht*, München 2001, Droemersche Verlagsanstalt, ISBN 3-426-87097-5

Marko Pogačnik, *Erdwandlung als persönliche Herausforderung*, München 2003, Droemersche Verlagsanstalt, ISBN 3-426-87190-4

Ilse Rendtorff, *Naturmeditationen: Heilung für Mensch und Erde. Von den ersten Schritten bis zur tiefen Erfahrung*, Saarbrücken 1999, Verlag Neue Erde, ISBN 3-8906-0026-3

Ilse Rendtorff, *Mit Wünschelruten Kraftorte und Naturwesen entdekken*, Saarbrücken 2002, Verlag Neue Erde, ISBN 3-8906-0045-X

Frances Ripley, *Visions Unseen, Aspects of the Natural Realm*, Findhorn 2007, Findhorn Press, ISBN 978-1-84409-093-8

Evelyn Schweizer, *Unsere guten Nachbarn, Elfen, Gnomen und andere Naturwesen in der Schweiz*, Bern 2007, Zytglogge Verlag, ISBN 3-7296-0645-X

Christine Stecher, *Das kleine Buch der Feen und Elfen*, München 2000, Mosaik Verlag, ISBN 3-442-16735-3

Erla Stefánsdóttir, *Lífssýn min, Lebenseinsichten der isländischen Elfenbeauftragten*, Saarbrücken 2007, Verlag Neue Erde, ISBN 3-8906-0264-9

Machaelle Small Wright, *Behaving as if the God in All Life Mattered*, Warrenton USA 1983, Perelandra Ltd., ISBN 0-927978-24-5

Machaelle Small Wright, *Flower Essences*, Warrenton USA 1988, Perelandra Ltd., ISBN 0-9617713-3-X

Machaelle Small Wright, MAP: *Medical Assistance Program*, Warrenton USA 1990, Perelandra Ltd., ISBN 0-927978-62-8

Machaelle Small Wright, *Perelandra Garden Workbook II: Co-creative Energy Processes for Gardening, Agriculture and Life*, Warrenton USA 1990, Perelandra Ltd., ISBN 0-927978-13-X

Machaelle Small Wright, *Perelandra Garden Workbook, A Complete Guide to Gardening with Nature Intelligences*, 2nd revised edition, Warrenton USA 1993, Perelandra Ltd., ISBN 0-927978-12-1

Machaelle Small Wright, *Dancing in the Shadows of the Moon*, Warrenton USA 1995, Perelandra Ltd., ISBN 0-927978-20-2

Machaelle Small Wright, *Co-Creative Science, A Revolution in Science Providing Real Solutions for Today's Health & Environment*, Warrenton USA 1997, Perelandra Ltd., ISBN 0-927978-25-3

Machaelle Small Wright, *Perelandra Microbal Balancing Program Manual: Revised and User Friendly*, Warrenton USA 2004, Perelandra Ltd., ISBN 0-927978-57-1

Machaelle Small Wright, *The Mount Shasta Mission*, Warrenton USA 2005, Perelandra Ltd., ISBN 0-927978-60-1

Machaelle Small Wright, *Perelandra Soil-less Garden Companion, Working in Partnership with Nature in Your Home, Job, Business, Art Project, Research and Profession*, Warrenton USA 2007, Perelandra Ltd., ISBN 0-927978-70-9

In diesen zwei Büchern ist Material zu Elementarwesen aus vielen Quellen gesammelt und gut zusammengestellt:

Christine Cerny, *Das Buch der Naturgeister, Von Elfen, Zwergen, Feen und anderen Elementarwesen*, München 2004

Sigrid Lechner-Knecht, *Die Hüter der Elemente, Das geheimnisvolle Reich der Naturgeister*, Berlin 1993

Über den Autor

Thomas Mayer

Autor, Bürgerrechtler, Meditationslehrer. Geb. 1965 in Kempten/ Allgäu. Besuch des Gymnasiums und Ausbildung als Bürokaufmann, Mitbegründer von »Mehr Demokratie e.V.« und seither mit dem bundesweiten Aufbau der »Bewegung für Direkte Demokratie« beschäftigt, 1993 bis 1995 Beauftragter des erfolgreichen Volksbegehrens »Mehr Demokratie in Bayern«, bis 2006 Gesellschafter des »OMNIBUS für Direkte Demokratie«, Berater von Regionalwährungen. Seit 2005 liegt der Arbeitsschwerpunkt in Kursen in anthroposophischer Meditation. Vater von zwei Söhnen.

Buchveröffentlichungen:

Thomas Mayer/Michael Seipel: *Triumph der Bürger! Mehr Demokratie in Bayern und wie es weitergeht*, München, 1997

Thomas Mayer/Johannes Stüttgen: *Kunstwerk Volksabstimmung, die spirituellen und demokratischen Hintergründe der Direkten Demokratie*, Wangen, 2004

Hans-Joachim Aderhold/Thomas Mayer (Hrsg.), *Erlebnis Erdwandlung – Berichte und Texte einer Zeitzeugenschaft*, Borchen 2008

Thomas Mayer, *Rettet die Elementarwesen*, Saarbrücken 2008

Thomas Mayer, *Zusammenarbeit mit Elementarwesen – 13 Gespräche mit Praktikern*, Saarbrücken 2010

Thomas Mayer, *Zusammenarbeit mit Elementarwesen 2 – Neue Interviews mit Forschern und Praktikern*, Saarbrücken 2012

Kontakt: www.geistesforschung.org,
www.anthroposophische-meditation.de

Das Buch »Rettet die Elementarwesen!« endet mit dem Ausblick: »Ich habe die Zukunftsvision, daß das Leben mit Elementarwesen wieder kulturelles Allgemeingut unserer Zivilisation wird.« So weit ist es zwar noch nicht, es ist hingegen überaus erstaunlich, wie viele – auch »normale« – Menschen schon heute mit Natur- oder Elementarwesen zusammenarbeiten. Mit dreizehn von Ihnen hat Thomas Mayer Gespräche geführt, so ein breites Spektrum an Möglichkeiten darstellend. – Wir alle können davon profitieren, wenn wir diese Reiche wieder in unser Bewußtsein integrieren.

Thomas Mayer
Zusammenarbeit mit Elementarwesen
13 Gespräche mit Praktikern
Paperback, 224 Seiten
ISBN 978-3-89060-560-9

In diesem dritten Buch machen wir zweiundzwanzig weitere Besuche bei faszinierenden Menschen. Welche Erfahrungen mit Elementarwesen gibt es in der Landwirtschaft, Kunst, Geomantie, Technik und den unterirdischen Schichten? Vieles Spannende liegt hier zum ersten Mal in gedruckter Form vor. Dieses Buch möge wie die anderen dazu dienen,

- daß die Vision der alltäglichen Zusammenarbeit mit Elementarwesen vorstellbarer wird;
- daß klarer wird, wie man mit ihnen kommunizieren kann;
- daß die Lebenswelt der Elementarwesen verständlicher wird;
- daß man erlebt: Der Umgang mit ihnen macht Spaß, ist spannend und bringt einen selbst in der Entwicklung weiter;
- daß die Leserinnen und Leser zu einem eigenen Umgang mit Elementarwesen angeregt werden. Es gibt keine bessere Ausbildung der eigenen Wahrnehmungsfähigkeiten, als mitzuerleben, wie es andere machen. Sie sind herzlich dazu eingeladen, mitzukommen und den Gesprächen zuzuhören!

Thomas Mayer
Zusammenarbeit mit Elementarwesen 2
Neue Interviews mit Forschern und Praktikern
Paperback, 304 Seiten, mit 16 Farbtafeln
ISBN 978-3-89060-604-0

EIN QUANTENSPRUNG IN UNSERER BEZIEHUNG ZUR NATUR

Nachdem die Vorstellung, daß in der Natur unsichtbare Intelligenzen am Wirken sind, nicht mehr ganz so absonderlich erscheint, wie noch vor Jahren, ist jetzt die Zeit gekommen für dieses Buch, in dem uns einer vom elbischen Volk der Leprechâns erzählt, wie wichtig die Zusammenarbeit der Menschen mit den Naturgeistern ist. Leicht lesbar und auf unterhaltsame Weise bringt uns die Autorin Tanis Helliwell die Welt der Elfen, Devas und Elementale näher – und selbst Skeptiker werden ihr Vergnügen haben und ins Nachdenken kommen.

Tanis Helliwell
Elfensommer
Meine Begegnung mit den Naturgeistern
Ein Tatsachenbericht
Paperback, 224 Seiten
ISBN 978-3-89060-679-8

EINE »PILGERFAHRT« VOLLER ÜBERRASCHUNGEN

Das langerwartete zweite Buch von Tanis Helliwell, in dem sich die Naturgeister zeigen – wenn auch in einer für uns Menschen nicht immer sehr angenehmen Weise. Auf dieser Tour durch Irland stoßen die Leprechauns Tanis und ihre Gruppe mit ihrem Witz auf deren »blinde Flecken« und bringen sie immer wieder in das »Jetzt« – auch wenn nicht alle Reisenden das als besonders witzig empfinden. Doch letzten Endes ist es eine sehr lehrreiche Pilgerfahrt, auf der sich die große Weisheit der unsichtbaren Reisebegleiter offenbart. Wir Leser, vom Schalk der Naturgeister nicht betroffen, können uns bei der Lektüre bestens amüsieren – und dabei noch etwas dazulernen.

Tanis Helliwell
Elfenreise
Eine mystische Irlandfahrt mit den Naturgeistern
Ein Tatsachenbericht
Paperback, 208 Seiten
ISBN 978-3-89060-323-0

Einsichten in die Elfenwelt

Als isländische Elfenbeauftragte – eine in der Welt einmalige Institution – ist Erla weltweit bekanntgeworden. Seit Kindheit hellsichtig, kann sie aber nicht nur von Elfen und Ortskräften berichten. In diesem Buch erzählt sie aus ihrem Leben, von ihren Begegnungen in der Astralwelt, ihren Erfahrungen mit Heilgebeten und regt die Leser mit praktischen Übungen immer wieder an, die eigene Wahrnehmung zu erweitern, denn die Realität ist so viel umfassender und vielfältiger.

Erla Stefánsdóttir
Lífssýn mín
Lebenseinsichten der isländischen Elfenbeauftragten
Gebunden, Lesebändchen, 17 x 24 cm,
208 Seiten, durchgehend mit farbigen Bildern
ISBN 978-3-89060-264-6

Den Bäumen lauschen

Es gibt zwei Arten von Engeln: solche mit Flügeln und solche mit Blättern. Der jahrtausendealte Weg, Rat zu finden oder der Natur Dank zu sagen, führt in den heiligen Hain. Da heilige Haine jedoch – mit Verlaub gesagt – selten geworden sind und selbst ehrwürdige einzelne Bäume in friedvoller Umgebung nicht immer schnell zu finden sind, wenn wir sie bräuchten, bieten wir hiermit ein Baumorakel an, das uns den Engeln der Bäume wieder näherbringen kann.

Fred Hageneder, Anne Heng
Baum-Engel-Orakel
Der uralte Pfad in den heiligen Hain
Paperback, 160 Seiten,
36 farbige Karten, 95 x 133 mm
ISBN 978-3-89060-764-1

Die Bäume in einer einzigartigen Gesamtdarstellung

Im vorchristlichen Europa wie in allen anderen Teilen der Welt wurde die ganze Erde als ein atmendes Wesen gesehen, erfüllt von sichtbaren und unsichtbaren Lebensformen. Bäume waren in dieser heiligen Landschaft hochangesehene Pforten der Einweihung. Die Kraft und Energie heiliger Haine und einzelstehender alter Bäume half den Kelten, Germanen, Römern und Griechen, aber auch schon den Menschen der Bronzezeit und der Jüngeren Steinzeit, die Grenzen ihres Bewußtseins zu erweitern und Kontakt mit dem Unsichtbaren aufzunehmen.

Fred Hageneder
Der Geist der Bäume
Eine ganzheitliche Sicht ihres unerkannten Wesens
Vollständig überarbeitete Neuausgabe, Hardcover, 416 Seiten, farbig illustriert
ISBN 978-3-89060-632-3

Das Wunder des Lebens neu entdecken

Es gibt keine vorgeschriebene Reihenfolge, in der man die Landschaften erkunden sollte. Vielmehr sind die Leserinnen eingeladen, mit dem Gebiet zu beginnen, das sie am meisten anspricht – oder vielleicht mit dem, das sie am stärksten herausfordert. Jedes Gebiet ist mit den anderen verknüpft und beleuchtet sie. Die Leserinnen werden instinktiv zu den Praktiken gelangen, die sie am meisten brauchen. Während der gesamten Reise tauchen die Leser in eine Welt des Staunens und der Ehrfurcht ein und entdecken neue Möglichkeiten des Lernens und der Erweiterung des Alltagslebens.

Fabiana Fondevila
Wo das Wunderbare wohnt
Mit einem Vorwort von Bruder David Steindl-Rast
Klappenbroschur, 288 Seiten
ISBN 978-3-89060-816-7

HELLSEHEN KANN JEDER!

Infrarot, Ultraschall, Röntgenstrahlen, das mikroskopisch Kleine... Daß es vieles gibt, was wir nicht wahrnehmen können, was aber trotzdem wirklich ist, weiß jedes Kind. Und es gibt Dinge, die uns auch technische Hilfsmittel nicht zeigen, die aber mit einer darauf ausgerichteten Wahrnehmung zu erkennen sind. Dieses Buch möchte Grenzen unserer Vorstellung sprengen, die uns daran hindern, unsere »übersinnlichen« Sinne zu nutzen. Mit vielen praktischen Übungen beweist uns Stefan Brönnle: Jede/r kann hellsehen.

Stefan Brönnle
Grenzenlose Sinne
Intuition – Empathie – Hellsehen
Das Grundlagen- und Arbeitsbuch
zur Fernwahrnehmung
Pb., 144 Seiten
ISBN 978-3-89060-269-1

DIE WELT IST EINKLANG

Schamanenweisheit zeigt auf einfache und praktische Weise das universelle schamanische Wissen, das Tony Samara während seiner Einweihung durch die Huachuma-Schamanen in den Anden erworben und erfahren hat. Von der Ernährungsweise bis zur Traumarbeit, den vier Elementen und den Kardinalpunkten, der Darstellung von gewissen Atem- und Körperübungen, welche die geistige Entwicklung fördern, bis hin zu vielen anderen Themen, erinnert uns dieses Buch an die lebensbejahenden Weisheiten unserer Ahnen, die in der heutigen Welt nützlicher sind denn je. Hilf dir selbst, dein Leben zum Besseren zu verändern!

Tony Samara
Schamanenweisheit
Rückkehr in die verlorene Einheit des Kosmos
Pb., 128 Seiten
ISBN 978-3-89060-276-9

Hier kann man sich zum **Neue Erde-Newsletter** anmelden:
newsletter.neueerde.de/anmeldung

NEUE ERDE im Buchhandel

Neue Erde ist ein kleiner unabhängiger Verlag, und der unabhängige Buchhandel ist unser natürlicher Partner. Wir unterstützen die Initiative »buy local«.

Sollte es Lieferschwierigkeiten bei den Büchern von NEUE ERDE geben, lassen Sie immer im VLB (Verzeichnis lieferbarer Bücher) nachsehen, im Internet unter **www.buchhandel.de**

Alle lieferbaren Titel des Verlags sind für den Buchhandel verfügbar.

Sie finden unsere Bücher auch auf unserer Homepage **www.neue-erde.de.**
Kontakt:

NEUE ERDE GmbH
Cecilienstr. 29 · 66111 Saarbrücken
info@neue-erde.de